新时代
劳动教育教程

仲伟霖　包静波　王　媛◎主编

中国原子能出版社
中国科学技术出版社
·北　京·

图书在版编目（CIP）数据

新时代劳动教育教程 / 仲伟霖，包静波，王媛主编
. -- 北京：中国原子能出版社：中国科学技术出版社，
2022.11

ISBN 978-7-5221-2371-4

Ⅰ. ①新… Ⅱ. ①仲… ②包… ③王… Ⅲ. ①劳动教
育-高等学校-教材 Ⅳ. ① G40-015

中国版本图书馆 CIP 数据核字（2022）第 218173 号

策划编辑	曾繁荣
特邀编辑	周 婷
责任编辑	张 磊
装帧设计	唐韵设计
责任校对	冯莲凤 吕传新
责任印制	赵 明 徐 飞
出 版	中国原子能出版社 中国科学技术出版社
发 行	中国原子能出版社 中国科学技术出版社有限公司发行部
地 址	北京市海淀区中关村南大街 16 号
邮 编	100081
发行电话	010-62173865
传 真	010-62173081
网 址	http://www.cspbooks.com.cn
开 本	787mm × 1092mm 1/16
字 数	263 千字
印 张	14.5
版 次	2022 年 11 月第 1 版
印 次	2022 年 11 月第 1 次印刷
印 刷	北京华联印刷有限公司
书 号	ISBN 978-7-5221-2371-4
定 价	49.80 元

（凡购买本社图书，如有缺页、倒页、脱页者，本社发行部负责调换）

审定委员会

主　任　陈以一　陈　暐　薛高连

副主任　王　珺　于丽娟

编写委员会

主　编　仲伟霖　包静波　王　媛

副主编　薛　颗　钱　琦　张园园　孙丹枫　郑和武

编　委　王　茹　王　洁　包文君　刘灵傲　严国军

李婉璐　李　燕　宋　婷　张　岚　张　玲

张剑萍　陈　雁　邵龙宝　聂晓晶　钱　琦

徐　燕　唐　程　黄祎雯　隆　烨　董涵宇

鲁　蔚　游韵之　缪小培　颜鹃花

智慧树网学习指南

一、选课指南

1. 进入“智慧树网”官网：https://www.zhihuishu.com/。

2. 搜索“劳动教育”，选择陈以一主讲的“劳动教育”课程。新用户请先注册，注册后点击“去学习”，成功选课。

二、学习指南

1. 进入“智慧树网”官网：https://www.zhihuishu.com/。

2. 使用选课时注册的账号、密码登录，点击“我的学堂”，进入课程开始学习。

本教材还为广大一线教师提供了丰富的教学资源库，有需要者可致电 13810412048 或发邮件至 2393867076@qq.com。

前 言

作为人类本质活动的劳动，是人类社会存在和发展的基础，也是人的全面自由发展的基础。党的二十大报告明确提出“在全社会弘扬劳动精神、奋斗精神、奉献精神、创造精神、勤俭节约精神，培育时代新风新貌”。为坚定培养学生“五育并举”，树立“劳动最光荣、劳动最崇高、劳动最伟大、劳动最美丽”的新时代劳动价值观，本教材编写依据《关于全面加强新时代大中小学劳动教育的意见》及《大中小学劳动教育指导纲要（试行）》，切实把握育人导向，遵循教育规律，展现新时代特征，以润物细无声的形式培养学生树立科学的世界观、价值观与人生观，具有较强的可读性和可操作性。本教材主要有三个突出特点：

（1）突出课程思政的新目标，厚植爱国爱民的情怀

高校人才培养是育人和育才相统一的过程。本教材在案例选择、内容编写方面突出课程思政新目标，坚持知识传授和价值引领相统一，将价值塑造、知识传授与能力培养紧密融合，弘扬工匠精神、劳动精神、劳模精神等，将家国情怀、德技并修、感恩教育等融入各个专题，实现价值塑造与知识传授、劳动观念和劳动能力一体化推进，使学生懂得劳动的伟大意义。

本教材在模块编排、环节设计上精心处理，以“专题—任务—活动”的体例进行编排。各专题通过设置“任务导言”“目标导航”“劳动语录”“案例导入”进行充分导入，引导学生自主学习；通过设置“拓展阅读”“知识链接”帮助学生充分理解理论知识，开拓思路；通过设置不同的主题活动，提高学生自立自强的意识和创意物化能力，增强学生的职业认同感和劳动自豪感，培育学生不断探索、精益求精、追求卓越的工匠精神和爱岗敬业的劳动态度。

（2）注重结合产业新业态、劳动新形态编写教材

本教材以日常生活劳动、生产劳动和服务性劳动中的知识、技能与价值观为主要内容，注重全面提升学生劳动素养，防止把新时代劳动教育与传统劳技训练混为一谈。同时，为适应科技发展和产业变革，针对劳动新形态，本教材注重结合新兴技术和社会服务新变化进行内容编写，从而强化学生诚实守信、勤俭节约、规范劳动、安全生产的劳动意识，培养学生吃苦耐劳、守正创新的劳动精神。

（3）注重理论与实践的结合，凸显职业教育特色

本教材以价值引领、实践提升为编写理念，落实立德树人根本任务，培养学生实践能力。本教材一方面结合学生年龄特点，强化马克思主义劳动观、劳动安全、劳动法规教育，另一方面注重强化学生实践体验，让学生亲历劳动过程，提升育人实效性。本教材注重培养学生“干一行，爱一行”的敬业精神，以及吃苦耐劳、团结合作、严谨细致的职业素养，为学生提供科学理论指引并让学生打下坚实实践基础，弘扬新时代劳动精神。

本教材在编写过程中得到了上海市教委有关部门的精心指导，并参考和借鉴了劳动教育研究有关文献、成果和网络资料，在此谨向相关作者表示诚挚的感谢。由于编者水平有限，敬请广大读者批评指正，以便再版时充实完善。

同时，本教材在“智慧树在线教育”的大力支持下，组织由上海高校联盟优质师资构成的核心教学团队录制了“劳动教育”智慧树线上配套课程，该课程结合各高校优势学科和特色专业，讲授不同行业劳动者工作过程中艰苦奋斗、敬业奉献、精益创新等方面的经历，为深入解读劳动精神、开展劳动教育提供理论支撑和实践指导。

目　录

树立正确的劳动观念

劳动观作为意识形态领域的内容，与人生观、世界观是一脉相承的。人生观、世界观虽然看不见、摸不着，但在工作或生活中都会有所体现，而这种体现的过程大都是劳动的过程。从这个意义上讲，人生观、世界观决定着劳动观，劳动观生动地反映着人生观、世界观。树立正确的劳动价值观对我们培育践行社会主义核心价值观、实现青春梦想、形成正确的就业创业观、提升抗挫折能力、培养社会责任感具有重要意义。

任务一

认识劳动

任务导言

早在刀耕火种的远古时代，人类便开始从事改造自然界的劳作。劳动的历史同人类社会发展密不可分，劳动的内涵亦随着时代的进步得以不断丰富和发展。当今，工人在机床前的生产操作是劳动，农民在烈日下的田间劳作是劳动，战士不间断的边防巡逻是劳动，老师四季如一的知识传授是劳动，学生不辍的勤学苦读是劳动……处在劳动之中的人，总是心无旁骛地朝着既定的目标前进。他们有成功的信心，有战斗的勇气，有坚守的毅力，懂得劳动的真谛并享受着劳动带来的愉悦。

目标导航

知识目标

1. 了解劳动的基本内涵、特征和类型。
2. 认识劳动分工。

能力目标

1. 能够正确认识劳动，养成热爱劳动的习惯。
2. 培养独立的人格，树立自立的意识。

素质目标

1. 在劳动中自觉履行社会责任，实现社会价值。
2. 树立正确的劳动观。

劳动语录

热爱劳动吧。没有一种力量能像劳动，即集体、友爱、自由的劳动的力量那样使人成为伟大和聪明的人。

——高尔基（Горький）

案例导入

山城“棒棒”冉光辉：实干创造幸福生活

一段数百米长的陡峭坡道，是山城“棒棒”冉光辉每天穿行的必经之路。在他身后是一辆用麻绳牵拉着的自制小板车，上面放着的针织品货物重达千斤。上坡时，即使在刺骨的寒风中，冉光辉也必须脱下厚重的棉衣，用力攥住两股麻绳前行，豆大的汗珠不时冒出；而下坡则略显惊险，他需要用腰部和脚牢牢顶住小板车，控制好方向和速度，然后快速冲下坡道，将货物安全送达。

运送这样一车货物，带给冉光辉的收入不足百元，但他已经坚持了10年。清晨6点，冉光辉就出门了。体重130斤的他平均一天要搬动超过自己体重5倍的货物，中午吃一碗6元的重庆小面，一直干到下午4点，累了就歇口气。冉光辉文化程度不高，但口碑极好。“力气大、守诚信、不怕吃苦、不怕吃亏”——这让他受到众多客户青睐，接到的搬运业务也越来越多。空闲时间，他还要包揽一些给建筑垃圾除渣的“私活”。干起活来，冉光辉动作极快——打包、肩扛、背驮一气呵成。

汗水浇灌收获，实干笃定前行。过去，冉光辉一家挤在一间不到20平方米的老旧出租屋内。2016年，他和妻子商量后，咬咬牙在重庆市中心解放碑商圈附近贷款购买了一套60多平方米的二手房。这里距离他长期搬运货物的地方很近，客户的一个电话打来，他可以随时出门劳动。“幸福是奋斗出来的。只要还有力气，我就会一直踏踏实实地干下去！”冉光辉说。

（资料来源：新华社百家号，2020年1月8日，有删改）

山城“棒棒”是指靠一根棒子生存的临时搬运工。在两江交汇中依山而建，目前正朝着国际化大都市高速发展的重庆市，穿街走巷还需爬坡上坎，因此也就有了“棒棒”这一特殊职业群体。为什么冉光辉的工作这么辛苦他却仍然感觉到幸福？

开卷有益

一、劳动的基本内涵

劳动是人类特有的、基本的社会实践活动，也是人通过有目的的活动改造自然对象并在这一活动中改造人自身的过程。马克思主义的劳动价值观认为，劳动创造世界，劳动创造历史，劳动创造人本身。

（一）劳动创造世界

构成人类赖以存在的现实世界的关键要素之一正是人的劳动，而且这种劳动并不是抽象层面的劳动，而是现实生活中的人的感性物质劳动，即作为人类实践活动最基本形式的“生产劳动”。马克思认为，这是区分人与动物的关键。从人类社会的发展历程来看，经济社会的每一次重大进步都是全体人民劳动创造的结果。

（二）劳动创造历史

人类劳动史基本上就是一部人类社会史，生产力的发展水平决定人类社会的发展进程，而生产力发展水平本质上就是人类的劳动水平，劳动方式的发展变化直接决定社会形态的发展变化。无论是何种形式的劳动，共同特点都是必须付出精力、体力、时间以及知识和技能。

拓展阅读

燧人钻木取火

在远古蛮荒时期，人们不知道有火，也不知道用火。到了黑夜，四处一片漆黑，野兽的吼叫声此起彼伏，人们蜷缩在一起，又冷又怕。由于没有火，人们只能吃生的食物，经常生病，寿命也很短。

天上有个大神叫伏羲，他看到人类生活得这样艰难，心里很难过，他想让人们知道火的用处。于是伏羲大展神通，在山林中降下一场雷雨。随着“咔”的一声，雷电劈在树木上，树木燃烧起来，很快就变成了熊熊大火。人们被雷电和大火吓着了，到处奔逃。不久，雷雨停了，夜幕降临，雨后的大地更加湿冷。逃散的人们又聚到了一起，他们惊恐地看着燃烧的树木。这时候有个年轻人发现，原来经常在周围出现的野兽的嚎叫声没有了，他想：“难道野兽怕这个发亮的东西吗?”于是，他勇敢地走到火边，发现身上好暖和呀。他兴奋地招呼大家：“快来呀，这火一点不可怕，它给我们带来了光明和温暖！”这时候，人们又发现不远处烧死的野兽，发出了阵阵香味。人们聚到火边，分吃烧过的野兽肉，觉得自己从没有吃过这样的美味。人们感到了火的可贵，他们拣来树枝，点燃火，保留起来。每天都有人轮流守着火种，不让它熄灭。可是有一天，值守的人睡着了，火燃尽了树枝，熄灭了。人们又重新陷入了黑暗和寒冷之中，痛苦极了。

大神伏羲在天上看到了这一切，他来到最先发现火的用处的那个年轻人的梦里，告诉他：“在遥远的西方有个遂明国，那里有火种，你可以去那里把火种取回来。”年轻人醒了，想起梦里大神说的话，决心到遂明国去寻找火种。

年轻人翻过高山，涉过大河，穿过森林，历尽艰辛，终于来到了遂明国。可是这里没有阳光，不分昼夜，四处一片黑暗，根本没有火。年轻人非常失望，就坐在一棵叫“遂木”的大树下休息。突然，年轻人眼前有亮光一闪，又一闪，把周围照得很明亮。年轻人立刻站起来，四处寻找光源。这时候他发现就在遂木树上，有几只大鸟正在用短而硬的喙啄树上的虫子。只要它们一啄，树上就闪出明亮的火花。年轻人看到这种情景，脑子里灵光一闪。他立刻折了一些遂木的树枝，用小树枝去钻大树枝，树枝上果然闪出火花，可是却着不起火来。年轻人不灰心，他找来各种树枝，耐心地用不同的树枝进行摩擦。终于，树枝上冒烟了，然后出火了。年轻人高兴得流下了眼泪。

年轻人回到了家乡，为人们带来了永远不会熄灭的火种——钻木取火的办法，从此人们再也不用生活在寒冷和恐惧中了。人们被这个年轻人的勇气和智慧折服，推举他做首领，并称他为“燧人”，也就是取火者的意思。

（资料来源：百度百科）

（三）劳动创造人本身

劳动不仅创造出人类的物质世界和社会历史，同时也创造了人类自己。恩格斯（Engels）在《劳动在从猿到人转变过程中的作用》一文中指出：“劳动使人的前肢变为双手，猿脑变为人脑，猿从此转变为人。人在劳动过程中不断创造新的物质财富，人类文明由此产生。”他和马克思（Marx）还在《德意志意识形态》一书中明确提出：“当人开始生产自己的生活资料的时候，即迈出由他们的肉体组织所决定的这一步的时候，人本身就开始把自己和动物区别开来。”在《1857—1858 年经济学手稿》中，马克思根据劳动方式的差异，将人的存在形态划分为“人的依赖关系、以物的依赖性为基础的人的独立性和自由个性”三种形式。他认为，随着劳动能力的不断提升，人类逐渐摆脱异在力量的束缚，以全面的方式占有自身的全面本质，成为自由而自觉的存在。

二、劳动的特征

作为人类本质活动的劳动，是人类社会存在和发展的基础，也是人的全面而自由发展的基础。劳动的本质特征具体地表现为劳动所具有的以下几个层面的矛盾统一性。

（一）劳动具有合目的性和合规律性双重特征

合目的性是劳动的首要的和基本的特征。正是这一特征才把人类的活动从一般的动物的本能活动中提升出来。人类活动的目的性必须同时也是合乎客观规律的，否则这个目的也很难实现。劳动从来都是合目的性与合规律性的统一。劳动的目的性是与自然因果性、社会规律性相一致的目的性。合规律性使人的劳动具有与一般物质运动相似的特点。劳动的规律性是目的性指导下的规律性，合目的性使人的劳动摆脱了一般物质运动的自在形式而以自觉的方式存在着。离开任何一个方面，都不能理解现实的合理劳动。离开目的性谈人的劳动，人的劳动就变成与一般物质运动没有多大区别的过程即各种因素自发、盲目交互作用的过程；如果不顾客观规律、盲目地强调劳动的目的性，那么结果不是实现不了预期的目的，就是即使实现了也要付出沉重而惨痛的代价。

（二）劳动具有自然性与社会性双重特征

劳动是人与自然之间物质、能量交换的过程，自然界是人类劳动的重要对象，而且，时至今日，自然界的这种客体地位依然存在着。但人们在生产中不仅仅同自然界产生关系。人们如果不以一定方式结合起来共同活动和互相交换其活动，便不能进行生产。其实，分工与协作是一对不可分割的范畴，无论自然分工还是社会分工，都是劳动的社会结合的一定方式，都体现了劳动的社会性。这也说明，自人类诞生以来，人类劳动除了指向自然界外，也必然指向人、人与人之间的社会关系、人与社会的关系等。

只有把劳动理解为人与自然的关系同人与人社会关系的统一，才能把握真正的现实的劳动过程。劳动的二重性使自然和社会越来越呈现融合之势，使自然和社会之间不是非此即彼的对立关系，而是亦此亦彼的交融关系。

（三）劳动具有系统性和动态性的双重特征

劳动的系统性和动态性是同一个事物的两个方面。从共时态维度看，劳动是系统性、整体性的存在；从历时态维度看，劳动是动态性、过程性的存在。劳动的系统性有助于我们从横的方面了解劳动的共性、一般性，而劳动的动态性有助于我们从纵的方面研究劳动的个性、特殊性，即劳动在不同时代或不同发展阶段存在的差别。

（四）劳动具有继承性与创造性的双重特征

动物的活动具有重复性的特点。动物界中一个物种一经形成，它的活动方式就是相当稳定的。在某种意义上讲，从动物的活动脱胎出来的人类的劳动，也具有这种简单的重复性，这是人类劳动技能和劳动方式积淀的结果。并且人类劳动的创造，不是无中生有的超自然和超社会的创造，而是在一定的社会物质条件和精神条件下进行的。

人类的劳动又不仅仅是简单的重复性的活动，它在继承性的基础上表现出与动物的活动所不同的创造性。从萌芽状态的劳动到现代人类劳动，人类的劳动方式发生了翻天覆地的变化——从以木棒、石器为劳动工具进行简单的劳动，到铁器的应用，到劳动过程的机器化，再到自动化和智能化“无人工厂”的出现；从自然分工，到简单的劳动分工，再到今天日益细化而复杂的社会化分工和协作；从简单的体力劳动，到体力劳动与脑力劳动分离，再到二者的融合——这一切充分显示了不同时代人类劳动不是在同一个水平上进行的，劳动方式的发展变化体现了劳动本身的创造性。

三、劳动的类型

按照不同的标准、从不同的角度，可以将劳动分成不同的类型。主要划分根据有以下几种：劳动过程中是否运用技术，劳动过程中技术的复杂程度，劳动过程中使用脑力和体力的比重（见表 1–1）。

依据其他分类标准，还可以将劳动分为具体劳动和抽象劳动、必要劳动和剩余劳动、生产性劳动和劳务性劳动、物质生产劳动和精神生产劳动、私人劳动和社会劳动等。

表 1-1　劳动的类型及举例

划分依据	类型	举例
劳动过程中是否运用技术	技术性劳动	修理机器、护理病人
	非技术性劳动	解答问题、研究理论
劳动过程中技术的复杂程度	简单劳动	提、拉、推、举
	复杂劳动	翻译作品、设计产品
劳动过程中使用脑力和体力的比重	脑力劳动	艺术创作、绘制图纸
	体力劳动	狩猎、捕鱼、耕种、编织

四、劳动分工

劳动分工是组织生产的一种方法，是指让每个劳动力专门从事生产过程的某一部分。劳动专业化能获得更高的总产出，因为劳动者可以更熟练地完成某些加工任务，而且还能引入更专业化的机器设备来完成精度更高的工作。职业是劳动分工的产物，新职业是劳动分工不断细化的结果。劳动分工的不断细化为社会提供了越来越多的专业化服务，提高了人们的生产效率和生活质量。但只有劳动分工的细化并不必然带来新职业，只有社会需求不断累积达到一定的规模效应，也就是细化的劳动分工具有一定的市场规模，才能够支撑新的劳动分工的生产和自身再生产的成本。

（一）劳动者

劳动者是指达到法定年龄，具有劳动能力，以从事某种社会劳动获得收入为主要生活来源，依据法律或合同的规定，在用人单位的管理下从事劳动并获取劳动报酬的自然人。

（二）自然分工和社会分工

劳动分工按其本身的形成过程和内在属性，可以分为自然分工和社会分工。自然分工是指在人类社会初期以人自身的生理条件差异为基础而自然形成的分工，在自然分工体系中，不同的生产者个体分别担负不同的劳动或生产职能。社会分工是指随着生产力的发展，人们以社会经济活动被划分为不同的生产功能和劳动方式为基础的分工。

（三）产业分工

产业分工是指一定的生产经营主体或群体在产业、行业的整个生产过程流中所承担的任务或扮演的角色。

知识链接

我国的三个产业的划分

我国有三大产业：农业、工业、服务业。

1. 农业

农业是指利用动植物的生长发育规律，通过人工培育来获得产品的产业。农业属于第一产业，是支撑国民经济的基础产业。农业系统的生产力评价的不是单一指标，不同于一般的单位面积产量，而是一组指标体系，在门类上，包括单位时间作物、蔬菜、果树、林木等植物生产的初级生产力，家畜、家禽、鱼类等动物生产的次级生产力，还应考虑土壤肥力的变化状况。

2. 工业

工业一直被称为国民经济的主导产业。中国的工业以能源工业、钢铁工业、机械工业等为主。工业是国民经济中最重要的物质生产产业之一。工业生产主要是对自然资源以及原材料进行加工或装配的过程。这是一个工资相对较高，但工作也比较艰苦的行业。从事此行业的人要求有一定的体能和技能。

3. 服务业

服务业包括：软件和信息技术服务业，信息传输、仓储和邮政业，租赁业，科学研究和技术服务业，金融业，水利、环境和公共设施管理业，居民服务、修理和其他服务业，教育业，卫生和环保业，文化、体育和娱乐业，公共管理业，交通运输业，社会保障业，等等。

（四）劳动组织

劳动组织是根据企业的需要，按照分工与协作的原则，正确处理劳动集体之间、劳动者之间以及劳动者与劳动工具、劳动对象之间的关系，建立有效的劳动生产体系的方式。其内容主要包括：搞好劳动分工协作和职工配备；确定合理的定员、定额和人员的构成；改进和完善劳动组织形式；组织多设备管理；合理安排工作时间和工作轮班；安排好工作场地；使工人的操作规范化；等等。

不断改善企业劳动组织，对保障正常生产，发挥企业活力，充分利用人力、时间、设备，节约材料，提高工效，改善企业员工素质，以及提高经济效益具有重要作用。

拓展阅读

长庆油田无人值守站：石油人告别翻山越岭去巡井

长庆油田在陇东建成国内首座页岩油无人值守站，缩短了生产指挥链条，优化了人力资源。

长庆油田自甘肃省陇东地区起步，发展成为横跨陕西、甘肃、宁夏、内蒙古四省（自治区）的中国第二大油田，年产量自20世纪70年代建厂初期的1.4万吨增加到如今的近300万吨。

无人值守站的建成投运，不仅促使采油二厂智能化油田取得了重大突破，也让石油人成为真正的"白领"，坐在宽敞、舒适的指挥中心，只要轻点鼠标，一切就都在掌控之中。

"刚进厂时，最头疼的就是巡井，翻山越岭，一天下来，感觉骨头都累散架了，遇到雨雪天气就更苦不堪言。现在技术人员不用到井场，就能准确掌握油井数据。"当谈起现如今的管理方式带来的变化，长庆油田采油二厂南梁油田已经退休的老师傅廖衍德说。

为缓解用工紧缺的矛盾，提升油田发展质量，采油二厂大力推进信息化、数字化建设与生产经营的深度融合，把数字化建设与劳动组织架构变革有机结合起来，探索出了"无人值守、定时巡护"的无人值守站建设模式，提高了劳动效率，实现了油田发展质量与效益的双提升。

"创新管理一直是采油二厂'磨刀石上闹革命'的有力法宝。当前，采油二厂重点推行的就是'夯实基础，管理升级'，提高工作效率、加快工作节奏。"采油二厂企业管理科科长刘元召介绍说。

（资料来源：中国新闻网，2019年9月14日，有删改）

五、劳动的意义

（一）劳动是人类社会生存和发展的基础

劳动是人类社会生存和发展的基础。它主要是指生产物质资料的过程，通常是指能够对外输出劳动量或劳动价值的人类运动。劳动是人维持自我生存和自我发展的唯一手段，尊重劳动就是尊重人本身。当今时代，强调尊重劳动应克服片面性，既重视创造性的复杂的智力劳动，又重视在平凡岗位上兢兢业业、默默奉献的劳动，使各种劳动有机统一于社会主义现代化建设事业中。

（二）劳动创造价值

劳动是一切成功的必由之路，是创造价值的唯一源泉。纵观国际格局，一个国家的发展能否抢占先机、赢得主动，越来越取决于国民素质特别是劳动者素质。当前，我国已经全面建成小康社会，到了扎实推动共同富裕的历史阶段。纵向比较，我国实现了从生产力相对落后的状况到经济总量跃居世界第二的历史性突破，实现了人民生活从温饱不足到全面小康的历史性跨越；横向比较，我国仍是发展中国家，人均财富在世界上尚属中等水平。因此，在扎实推动共同富裕的历史阶段，仍要大力弘扬勤劳致富、艰苦奋斗的精神，提高劳动报酬在初次分配中的比重，充分体现劳动的贡献，激励人们通过劳动创造美好生活、创造中华民族更加美好的未来。

（三）劳动是一切幸福的源泉

劳动是一切幸福的源泉。幸福不是既定的存在，而是劳动的结果。人不仅凭借劳动满足最基本的生存需要，实现社会财富的创造和积累，而且在根本上，最终也要通过劳动来实现人之为人的自由本质。日常生活的延续离不开劳动，美好生活的实现更有赖于勤勉而高效的劳动。只有在劳动中，一个人才能印证自己的力量和潜能，才会认识到自己存在的价值，感到真正的幸福。

活动 1

视频记录：普通劳动者的一天

活动描述

在城市行色匆匆的人群中，有这样一群人：他们默默无闻，平凡如街道两旁的行道树，没有人特别在意他们的形貌和他们的忙碌。然而，正是这群人，他们建造了城市的轮廓，成就了城市动人的风景线，垒叠出城市的每一个梦想。他们是平凡的劳动者，亦是不平凡的梦想建造师。

全班分为若干小组，每组 4 ~ 6 人，每个小组在身边找到一位普通的劳动者，走进他的生活，以视频的形式来记录这位普通劳动者的一天。

活动目标

1. 正确理解劳动是人类发展和社会进步的根本力量。
2. 认识劳动创造美好生活的道理。

活动流程

主题解析

以“普通劳动者的一天”为主题，拍摄视频。视频不是简单的日常生活的记录，而是在对劳动有了初步认知之后，结合新时代劳动的特点，更加全面、客观地对普通劳动者工作的意义与价值的体现。

拍摄构思

小组根据主题构思和设计分段素材的脚本。脚本无须太复杂，可以用简单的流程图示意。视频的内容主要围绕劳动者可以被记录到的事情，例如吃饭、工作准备、工作过程等，还可以拍摄一些周边环境作为素材。流程里可以简单记录时间、地点以及大致拍摄什么内容，内容上要注意分析普通劳动者工作的意义与价值，最后用四五段素材整合制作一个完整的视频。在设计的过程中，小组成员要对拍摄的角度、素材的内容和解说的文案进行讨论和准备，最后形成完整的视频内容。

制作视频

使用相关设备根据框架内容进行素材拍摄。拍摄过程中，要注意不能偏离主题，可以用日常记录的方式，也可以用故事讲述的方式等，只要主题明确即可。为增强视频的观赏性，还可以添加背景音乐、字幕、转场、特效等。

上传视频

可以开设专门的视频号，定期更新视频，让更多人感受普通劳动者的辛劳与幸福。

视频制作注意事项

①视频的内容要健康积极，符合社会主义核心价值观，能够传递正能量。

②单个视频时长范围为 30 秒至 5 分钟。

③为体现视频记录的意义，可以设计脚本，但是内容要体现真实的生活，必须为原创，不能侵犯他人的知识产权，并且要尊重被拍摄者的意愿，注意保护被拍摄者的隐私。

活动评价

活动内容	标准	分值	活动评价		
			自评	互评	师评
主题解析	积极讨论，解析透彻	20			
拍摄构思	构思清晰，具有可操作性	30			
制作视频	贴近主题，观赏性强	30			
上传视频	定期更新，引发共鸣	20			
合计		100			

活动 2 手抄报比赛：各行各业的劳动者

活动描述

功成唯行，行必在人。劳动创造了五彩缤纷的世界，社会的发展离不开各行各业的劳动者。新时代的劳动者，有理想、有担当、有素养，在各自的领域努力奋斗、发光发热，为祖国、为人民奉献自身力量。

班级内举办手抄报比赛，了解、走近、致敬各行各业的劳动者。

活动目标

1. 认识各行各业的劳动者。

2. 理解劳动创造人、劳动创造价值的内涵。

活动流程

活动要求

每人选定一个行业的劳动者作为主题制作一份手抄报，具体要求如下。

①要有主标题，根据手抄报主题自行拟定标题。

②要有文字内容，且要与选定主题相关。

③要有配图，且要与选定主题相关。

④在限定时间内提交作品。

⑤不得抄袭他人作品，不能侵犯他人的知识产权。

作品评选

提交作品，将手抄报拍照或扫描上传至投票平台，设置每人三票，班级内进行投票。统计票数，梳理排名，评选出得票最多的前三名。

分享制作心得

评选结束后，班级同学交流分享手抄报制作心得，首先由前三名分享制作心得，然后从自愿发言的同学中选出五名进行分享。

主要围绕以下几个方面进行分享。

①选择当前这一行业的劳动者作为手抄报主题的原因。

②通过手抄报制作过程对这一行业的劳动者有了哪些认识。

③手抄报制作过程遇到了哪些困难。

④通过这次手抄报制作收获了什么。

活动评价

活动内容	标准	分值	活动评价		
			自评	互评	师评
选定主题	符合要求	20			
手抄报内容	符合主题，积极向上	30			
手抄报原创性	作品原创，未侵犯他人知识产权	20			
制作心得分享	积极讨论，发言条理清晰	30			
合计		100			

任务二

树立新时代劳动价值观

任务导言

新时代劳动价值观以劳动最光荣、劳动最崇高、劳动最伟大、劳动最美丽四个方面为主要内涵，是社会主义核心价值观在劳动领域的特殊性表达和体现，是对马克思主义劳动观的继承，是中华民族优良劳动美德的彰显，是培养社会主义高素质劳动者的价值导向需要。劳动最光荣在新时代劳动价值观的四个方面中居于总领地位，劳动最崇高、劳动最伟大、劳动最美丽是劳动最光荣内涵的具体展开和特殊性表达。

目标导航

学习目标

1. 掌握新时代劳动价值观的科学内涵。

2. 了解树立新时代劳动价值观的意义。

能力目标

1. 能够尊重劳动，珍惜劳动成果。

2. 树立创新意识。

素质目标

1. 树立尊重劳动与尊重普通劳动者的意识。

2. 牢固树立劳动最光荣、劳动最崇高、劳动最伟大、劳动最美丽的思想观念。

劳动语录

劳动永远是人类生活的基础，是创造人类文化幸福的基础。

——马卡连柯（Макаренко）

案例导入

给大国工程当“眼睛”——记中交一航局第三工程有限公司工程测量工陈兆海

回顾职业生涯，全国劳模、中交一航局第三工程有限公司工程测量首席技能专家陈兆海十分感慨：测量就像是工程的“眼睛”，越是投入其中，越会觉得那些点和线已经融进了自己的生命。一个个大国工程的精准落成，让他丈量出的上百万个数据有了特别的意义。

2018 年年初，大连湾海底隧道项目启动，海况地质十分复杂，多礁石，多溶洞。作为我国在寒冷海域建设的首条沉管隧道，其要求超差精度为 5 厘米，而首次水下扫测数据与现有基床整平验收数据比对相差 10 厘米。“当时使用的是二维单波束测深系统，一条小鱼吐出的泡泡都会影响测深结果。”陈兆海前往设备生产厂家调研，到港珠澳大桥项目和深中通道项目现场学习。多方奔走后，引进了一套可以三维扫测的多波束设备。有了“金刚钻”，陈兆海和工友们信心倍增。此时，新问题出现了。海底隧道施工环境远不如陆上安稳，风浪颠簸是常态，极大影响了多波束设备的精准度。“仪器不能自控水平，我们可以帮它‘长’出手脚。”受折叠伞启发，陈兆海提出为多波束系统的五个分部仪器定做连接架的想法。他拉着测量和机务班组分析换能器、姿态仪、主副天线和辅助传感器等仪器之间的几何关系，研究支架的长度和材质。4 个月里，材质从角钢、镀锌铁管换到不锈钢方管，支架的长度从 3 米、2.7 米再换到 2.5 米，多次改进后，终于研发出一款可拼接、适合任何船型的拆卸式连接器，让仪器“长”出了抓住船舷和站稳海底的“手脚”。10 厘米、7 厘米、5 厘米……连接器稳定后的测量效果一路精准。单波束 6 小时的工作量，多了“手脚”的多波束设备仅需 30 分钟。“只要你想干，没有干不成的事！”说起技术创新，陈兆海语气坚定。

如今，陈兆海的弟子已遍布公司境内外所有重大工程。2014 年，徒弟张强荣获中交集团技术能手称号；2018 年，徒弟管仲春荣获京津冀协同发展一体化建设职工职业技能大赛工程测量比赛二等奖、中交集团技能大赛二等奖……

虽然有着傲人的荣誉，带出许多出色的徒弟，陈兆海依然20多年如一日，每天清晨踏着轻松的步伐走上岗位，一次次让茫茫的陆地转换成点、线、面。

（资料来源：《工人日报》，2022年3月7日06版，有删改）

凭着对测量事业的执着与热爱，陈兆海将一团团永不熄灭的激情火焰点燃在无数的点与线之间，照亮了自己别样的人生，也诠释出新时代工匠的风采与活力。请思考，陈兆海的奋斗故事体现了怎样的劳动价值观。

开卷有益

一、新时代劳动价值观的科学内涵

（一）劳动最光荣

劳动最光荣的价值理念从根本上肯定了在推动人类社会发展过程中劳动和劳动者的崇高历史地位和杰出贡献，礼赞了劳动者在劳动实践过程中创造的丰富的物质成就和美丽的精神成果，是对以往剥削社会劳动价值观念的一次深刻批判与颠覆，也是无产阶级劳动价值观念的一次构建。

劳动之所以光荣，是因为劳动是推动人类历史前进的重要力量，是人本质力量的体现，是人全面发展的手段，极大地推动了社会的进步和人的发展。劳动不仅仅是人类最为基本的物质实践活动，同时也是人类社会得以维系和发展的基础性条件。

劳动不但创造了人类赖以生存的物质生活资料，更促进了人类精神文明成果的涌现、道德水平的提高、思想认识的进步。劳动及其过程为人类留下了宝贵的物质财富和精神财富，劳动赋予了人类以新的道德观念、伦理观念、审美观念。例如，“为人民服务”作为社会主义道德的核心内容，彰显了社会主义经济基础以及人际关系的要求，其重要内容之一就是各行各业的劳动者都是为了社会、他人、自己而劳动，只有社会分工之别，而无高低与贵贱之分，不同形式的劳动与职业都是光荣的，并不是说复杂的、以脑力劳动为主的创造性劳动就比重复性的简单体力劳动更为重要。

拓展阅读

2021 年全国农民工数量增加 691 万人

2022 年 4 月 29 日，国家统计局发布 2021 年农民工监测调查报告。报告显示，2021 年全国农民工总量 29 251 万人，比上年增加 691 万人，增长 2.4%。农民工就业总体稳定。

2021 年，农民工平均年龄 41.7 岁，比上年提高 0.3 岁。在全部农民工中，男性占 64.1%，女性占 35.9%，其中女性占比比上年提高 1.1 个百分点；有配偶的占 80.2%，占比比上年提高 0.3 个百分点；大专及以上文化程度农民工占比比上年提高 0.4 个百分点。

收入方面，数据显示，农民工月均收入 4 432 元，比上年增加 360 元，增长 8.8%。分区域看，在东部地区就业的农民工月均收入增速快于其他地区，比上年增长 10%；分行业看，农民工就业集中的制造业、居民服务修理和其他服务业、建筑业、住宿餐饮业、批发和零售业、交通运输仓储和邮政业六大主要行业月均收入继续增长，制造业农民工月均收入增速最快，比上年增长 10.1%。

报告表明，2021 年，进城农民工人均居住面积有所提高，生活条件继续改善。进城农民工人均居住面积 21.7 平方米，比上年增加 0.2 平方米；进城农民工户中，居住住房中有取暖设施的比重比上年提高 2.7 个百分点；能上网的占 95.6%，比上年提高 0.8 个百分点；拥有汽车（包括经营用车）的占 34.1%，比上年提高 3.3 个百分点。

此外，在进城农民工社会融合情况方面，进城农民工在不同规模城市生活的归属感较上年均有提高，参加所在社区、工会组织的活动更加积极。加入工会组织的进城农民工占已就业进城农民工的比重为 14.5%，比上年提高 0.2 个百分点。在已加入工会的农民工中，参加过工会活动的占 84.5%。

（资料来源：《工人日报》，2022 年 5 月 1 日 02 版）

"劳动最光荣"与社会主义制度的优越性和先进性是密不可分的。在奴隶社会中，奴隶背负着最为沉重的负担，进行着被奴隶主阶级认为是最为卑贱的劳动。封建社会统治阶级虽在一定程度上鼓励被统治阶级进行生产劳动，但深层次的动机是为了维护其统治秩序的稳定和封建政权的长治久安，劳动人民从未逃脱被当作可利用的压榨工具的命运。资本主义制度的确立实际上是一种剥削形式取代了另一种剥削形式，劳动者的劳动与劳动成果都不属于自己，而属于资本家，这就使得劳动对劳动者而言是一种异化的、痛苦的活动。社会主义社会以前的生产关系性质，导致了劳动并非一种光荣的、被需要的活动，而是一种奴役的要求或被迫谋生的手段。

社会主义劳动者的尊严和价值得到了认可，劳动已然成为创造美好生活的一种手段与途径，每个劳动者都能在运用自身本质力量的过程中获得和占用劳动成果，体会真正的人生价值，实现个人理想与社会理想、人生价值与社会价值的统一。因此，劳动光荣在各项价值中处于头等重要的地位。劳动光荣引领一切其他价值观念。

（二）劳动最崇高

劳动最崇高的价值观侧重于强调劳动地位的崇高，以赋予人民群众新的劳动观点。劳动地位的崇高，可从理论、历史、现实三个维度进行理解和把握。

首先，劳动作为人的本质力量的运用与体现，使得人类劳动从根本上区分于动物的本能活动。正是基于人类共同的社会性劳动，人类社会获得了满足生活与发展的一切必要的物质资料。物质资料的满足也极大地促进了精神资料的生产，使人们得以从事政治、道德、艺术、哲学等活动，多样的精神财富得以涌现。劳动作为人以及人类社会得以存在和发展的必不可少的因素之一，推动了人类社会由低级走向高级，从落后走向进步，创造了丰富多彩的物质财富和精神财富。劳动通过自身实然、有力地论证了劳动崇高的应然。

其次，纵观人类社会发展历史的不同社会形态，奴隶社会、封建社会、资本主义社会中的劳动都被视为卑贱的、下等的活动。歧视劳动成为奴隶主阶级、封建统治阶级、资产阶级作为人类社会发展过程中的剥削阶级所共同拥有的价值观念。在旧社会的价值观念中，劳动是低下的，是与崇高的地位毫无关联甚至截然相反的。而肯定劳动的地位和价值是社会主义国家的重要道德规范，尊崇劳动、礼赞劳动者是社会主义道德观念的本质要求。在社会主义社会中，道德评价已由资本主义社会中的以财产和权利为评价依据发生变更，更加注重劳动对社会历史发展起的推动作用，劳动崇高的观念在道德层面也得到了认可与尊崇。

最后，在当代社会主义制度下的中国，劳动的崇高地位得到了根本的制度性保障。我国宪法明确规定了公民享有劳动的权利与义务，即确认了劳动是人民神圣不可侵犯的权利，并且鼓励人民积极地履行劳动义务，以获得自身的全面发展。党和国家始终致力于提升劳动者的地位，尊重和鼓励一切劳动创造和劳动成果。劳动崇高的价值观念得以真正、实然地确立。

（三）劳动最伟大

劳动最伟大的价值观念侧重于阐释劳动者的伟大，以引领人民对劳动产生认同与热爱之情。劳动者伟大是劳动光荣的应有之义，是其内涵的重要组成部分。价值观是基于一定的人的思维感官所做出的认知、判断、理解和选择。在人类社会中，不同的阶级有着不同的劳动价值观念，只有在尊重和崇尚劳动以及劳动者的社会主义社会中，劳动者伟大的价值观念才是真正具有现实性的，而非虚伪的。

劳动者伟大的价值观念有其深厚的现实和理论根基，可从两方面来把握。

一方面，在现实性上，所有社会主义劳动者平等且自由的劳动机会与权利是被制度和法律所确认和鼓励的。劳动者所进行的劳动不单单能够为社会、为他人提供资料与服务，同时也能够使自身获得发展，使自身的物质和精神世界都得到满足。正是基于这个前提，劳动者对自身劳动过程和劳动成果具有极强的认同感、归属感、荣誉感，造就了许多不断追求更高劳动技能水平和道德精神境界的劳动者。这些劳动者得以在自身的岗位创造价值并践行着劳模精神、劳动精神、工匠精神，在平凡的岗位上做出了不平凡的贡献，在自身的劳动领域建功立业，其中的佼佼者成为时代的标杆与楷模，得到了党和人民的称赞与敬重。他们心怀“劳动最伟大”的价值观念，于平凡之中成就伟大，以自身劳动实践的实然性印证着劳动者伟大的应然性。

另一方面，在理论性上，马克思主义始终致力于追求包括无产阶级在内的全人类的解放，“任何解放都是使人的世界即各种关系回归于人自身”。只有当束缚自由劳动的社会关系在历史的进程中被不断地抛弃，劳动者的解放才能得以不断地实现。为此劳动者不但需要通过自身的现实劳动对自然界和人类社会加以改造，同时也需要不断地改造和提升自身，以承担起为实现共产主义和人类解放而劳动的伟大责任与使命。“在一切生产工具中，最强大的一种生产力是革命阶级本身”，当无产阶级劳动者的素质不断提升，力量得到不断积蓄之后，其必然会随着生产力的不断发展进步成为埋葬资本主义制度的重要力量。“工人阶级的解放应该由工人阶级自己去争取”，而无产阶级的解放只有在解放了全人类后才能实现，这就决定了人类历史上最为光荣的革命，只能由无产阶级劳动者来实现，因而劳动者伟大。

（四）劳动最美丽

劳动最美丽侧重于阐述劳动之美，指引劳动者对劳动之美产生深刻认知。劳动最美丽的价值观有三个维度的内涵。

首先，劳动是人类所特有之美。人类与动物的本能活动的区别，体现出人能够将自身的个性与意志施加于改造的客观对象，是一种自由的感性体现。同时，人能够在合乎规律与合乎目的的统一中改造客观世界，在自由创造的过程中享受属于人类特性的劳动之美。

其次，社会制度为真正的劳动之美提供了保障。在社会主义社会中，一个阶级奴役另一个阶级并占有其劳动成果的现象得以消失，广大的劳动者能够充分发挥与展现自身的才能与创造性，自身的构思与想法不再被束缚，创新创造的力量得以真正地彰显与发挥，劳动者能充分地享受到劳动过程与劳动成果带来的美好。在摆脱了异化劳动的社会主义社会中，劳动真正成为一种“美”。

最后，劳动者道德与精神同样彰显着劳动之美。劳动者的杰出代表——劳动模范，则是劳动之美的人格化彰显，既有科学技术领域的杰出代表，如钱三强、钱学森、邓稼先，也有产业工人的杰出代表，如马恒昌、孟泰。他们在脑力劳动与体力劳动各个领域发挥专长，创造出了杰出的劳动成果，为新时代的劳模精神、劳动精神、工匠精神奠定了精神根基，为广大劳动者提供了科学的劳动价值观念引领。劳动之美不但体现在最终的成果中，也体现于劳动者的道德和精神中。

拓展阅读

灵渠：秦代水利奇迹

“水利”一词，最初出现于秦地成书的《吕氏春秋》中，指防止水害灾难和利用水力资源的事业。战国时期秦国水利事业的成功，是秦统一六国的重要因素之一。人们把都江堰、郑国渠和灵渠并称“秦代三大水利工程”。

灵渠工程沟通湘江水道和漓江水道，成为连贯湘桂的人工运河。它在最合理的地方，以最便捷的方式，用最经济的成本，连接长江和珠江南北两大水系，实现了通航条件的完备。

灵渠巧妙解决了很多的技术难题。为保持整体水流大方向的一致，使用堰坝抬高水位，这一方面解决了河道的流向问题，但另一方面却可能因高差巨大造成水流过快而影响航行安全。弯道代闸作为中国古代运河工程中的杰出创造，在灵渠的航道设计上得到了充分的体现。灵渠利用弯道延长渠道长度，有效地平缓坡降，解决了因高差变化而带来的航行安全问题。如今这段弯弯的灵渠成为美丽的风景。

灵渠最为经典的设计是渠首的大、小天平与铧嘴，它们共同作用，三七分配南渠和北渠的进水量。铧嘴是一座长 70 米的导水堤，是与大、小天平衔接的具有分水作用的砌石坝，把河水劈分为二，其中七分水顺大天平回流到湘江，三分水经小天平和南渠注入漓江，即所谓的“湘七漓三”。

灵渠不仅连通了湘江与漓江，更连接了长江水系与珠江水系，改变了中国自然水系的格局。在秦朝统一岭南地区后，灵渠发挥了更多区域间经济、政治、文化融合方面的作用。唐宋以来，人口的激增带来了农业的持续繁荣，灵渠周边地区就成为重要的农业区，这也使灵渠的灌溉作用越来越大，正所谓“灵渠胜似银河水，流入人间灌稻粱”。

灵渠已列入中国的世界遗产预备名录。其遗产构成极其丰富，除了大量的水利遗存外，还包括不同时代的古桥、古遗址（与灵渠防御相关的秦城遗址）、古建筑（与信仰相关的祠庙）乃至非物质文化遗产等。如何在传承遗产价值的过程中平衡保护与利用的关系，也考验着当代人的智慧。

（资料来源：《人民日报》，2020 年 10 月 31 日 05 版，有删改）

二、树立新时代劳动价值观的意义

新时代劳动价值观不仅维护了劳动人民的主体性地位，有力地批判了资本主义社会的劳动异化，更为实现中华民族伟大复兴注入了源源不断的精神力量。

（一）新时代劳动价值观维护了劳动人民的主体性地位

劳动是人内在本质的现实实现，是人的存在方式。在马克思看来，人民的主体性源于他们是社会生产劳动的承担者与实践者。人民凭借自身的社会生产劳动获取自身的主体性地位，正是对新时代劳动价值观维护劳动人民主体地位的有力概括，维护了劳动者的主体性，凸显了劳动者在社会生活中的主人翁地位。

劳动最光荣、劳动最崇高、劳动最伟大、劳动最美丽的价值理念，传承了中华民族在五千多年劳动中凝练的优秀传统文化，深化了社会各阶层、各行业劳动者们对劳动的理性认识，是人民力量在劳动实践中的能动转化，生动展现出一幅劳动人民在实现中华民族伟大复兴中国梦进程中兢兢业业、舍己为人、奋勇拼搏的时代画卷。我国已经完成了消除绝对贫困的艰巨任务，人民在劳动中奉献自己，实现价值，成就自己，充分显示了人民的历史主体地位。当前，在全社会弘扬新时代劳动价值观，更能凸显劳动者主体地位，凝聚强大劳动力量，为新时期社会主义建设伟大征程注入新的动力。

（二）新时代劳动价值观批判了资本主义社会的劳动异化

马克思将异化概念引入劳动问题，揭示了资本主义条件下的劳动异化现象，指出资本主义私有制下的劳动具有创造性和摧残人的两面性。在资本主义社会中，劳动者与劳动产品异化，劳动产品并不属于劳动者自己，劳动者与劳动产品是相异关系。资本家就是通过无偿占有劳动者创造的剩余价值，实现个人财富的原始累积。充分肯定劳动人民在劳动中的主体地位，就充分肯定了人民的辛勤劳动，只有辛勤劳动，才有今天的幸福生活；充分赞扬劳动人民在社会生产劳动中发挥的巨大作用，更是对资本主义劳动异化的最有力批判。

（三）新时代劳动价值观彰显了实现中华民族伟大复兴的价值追求

站在新的历史起点上，劳动最光荣、劳动最崇高、劳动最伟大、劳动最美丽的价值观念切实回应了马克思主义劳动观，是解除劳动者困境的精神指引。劳动作为人类本质力量的体现，是实现人全面发展与社会进步的根本途径。在经济全球化的今天，劳动或多或少地出现了物化倾向。应在全社会大力弘扬各阶层劳动者的优秀品质与感人事迹，鼓励人民用辛勤劳动锻造艰苦意志，充分释放人民的创造力，焕发人民的劳动热情，激发人民所蕴藏的巨大潜力，利用新时期的劳动价值观夯实基础，让崇尚劳动、热爱劳动、辛勤劳动、诚实劳动的劳动精神在全社会蔚然成风。

美好的梦想靠劳动实现，伟大的成就靠劳动铸就。中华民族伟大复兴有着光明的前景，也面临各种艰难险阻。我们现在所处的是一个船到中流浪更急、人到半山路更陡的时候，是一个愈进愈难、愈进愈险而又不进则退、非进不可的时候。只有在新时代劳动价值观的指引下，我们才能实现自我价值，增强对中国特色社会主义的信仰，厚植实现中华民族伟大复兴中国梦的信心，从胜利走向更大胜利。

活动 1

主题调研：当代大学生的劳动价值观

活动描述

劳动是最平常、最熟悉、最不引起重视的活动，伴随着每个人的一生。中华民族是勤于劳动、善于创造的民族。正是因为劳动创造，我们拥有了历史的辉煌；也正是因为劳动创造，我们拥有了今天的成就。当代大学生的劳动观，从小处看，关系到个人的发展道路；从大处讲，事关民族的希望与未来。

以“当代大学生的劳动价值观”为调研主题展开调研活动，全面深入掌握第一手资料，做好数据分析，并撰写有针对性的调研报告。

活动目标

1. 学会与他人协作劳动。

2. 牢固树立劳动最光荣、劳动最崇高、劳动最伟大、劳动最美丽的思想观念。

活动流程

调研准备

1. 组建调研小组

根据调研规模及主旨，全班分为若干小组，每组 4 ~ 6 人，选出一名小组长把握整体调研情况。

2. 拟定调研方案

根据调研主题，查找相关文献资料，进行前期积累，然后将调查内容进行深化，拟定具体的社会调查方案。

3. 小组分工

小组讨论后，组长根据每位组员的特点进行组内分工，分工应包含查找调查问卷资料、制作调查问卷、发布网络问卷、进行现场走访调查、数据统计、总结等。每位同学必须参与活动，不参与者不得分。

调研实施

根据主题拟定调查问卷，可采用线上、线下相结合的方式分发调查问卷。

对调研过程和初步成果进行课堂汇报或以中期报告的形式提交给老师，教师进行指导，并提出修改意见。

【调查问卷样例】

大学生的劳动价值观调研

所学专业：________________

1. 您的年级是什么？（　　）

A. 大一　　B. 大二　　C. 大三　　D. 大四

2. 您的性别是什么？（　　）

A. 男　　B. 女

3. 您认为参与劳动对您是否有意义？（　　）

A. 是　　B. 否

4. 您认为劳动对自己有什么影响？（　　）

A. 通过劳动可以实现自身价值和追求

B. 劳动能使我获得劳动技能

C. 通过劳动可以帮助他人和奉献社会

D. 通过劳动可以获取报酬

E. 劳动会浪费我的时间

F. 劳动对我没有任何影响

G. 其他 ________________

5. 您认为脑力劳动和体力劳动的重要程度如何？（　　）

A. 脑力劳动比较重要　　B. 体力劳动比较重要

C. 两者同样重要　　D. 两者都不重要

6. 您在学校参加过哪些劳动实践活动呢？（　　）

A. 学生公寓、教室卫生清洁　　B. 学校组织的义务劳动

C. 学校的勤工俭学　　D. 校外志愿服务

E. 专业实习　　F. 校外兼职

G. 从未参加过　　H. 其他 ________________

7. 您通常是在什么情况下参加劳动实践活动的？(　　)

A. 别人要求的　　　　B. 自愿去做的

8. 您参加劳动实践活动的频率如何？(　　)

A. 经常　　B. 偶尔　　C. 很少　　D. 从来没有

9. 请问您曾经发生过铺张浪费或不珍惜他人劳动成果的行为吗？(　　)

A. 经常发生　　B. 偶尔发生　　C. 很少发生　　D. 没发生过

10. 您判断劳动价值的标准是什么？(　　)

A. 对社会贡献的多少　　　　B. 社会地位的高低

C. 能够获得的报酬的多少　　D. 说不清

注意：以上问卷由网络资料整合而成，主要是为调查问卷的设计提供样例，仅供参考。

调研分析

根据调查结果进行调研分析，形成调研报告。

【调查报告样表】

关于大学生劳动价值观的调研报告

一、调查时间

二、调查对象

三、调查结果

四、结果分析

五、结论与建议

调研注意事项

①合理分工，确保每个同学都能参与。

②与调研对象做好联系沟通，确保调研数据真实有效。

③制定相关的团队纪律，利于团队顺利完成此次活动。

④调查问卷应紧紧围绕调研主题。

⑤现场调研可以直接让对方做问卷，也可以念给对方听，根据对方的回答来选择相应的答案。

⑥调查样本应该在 300 份以上。

⑦网络问卷数据和现场调查数据应该汇总到一起。

⑧在撰写调查报告时，应对数据进行全面分析，分析数据要科学严谨，报告应该图文结合，调查报告字数为 3000 字以上。

调研分享

各组对调研结果进行分享，并谈谈调研过程中的收获与感想。

活动评价

活动内容	标准	分值	活动评价		
			自评	互评	师评
设计调查问卷	问卷设计合理，问题能围绕主题展开，简洁，精准	20			
进行调研	分工明确，积极参与	30			
撰写调查报告	分析全面、深刻、翔实，语言流畅，叙述清晰	30			
调研分享	积极分享，条理清晰	20			
合计		100			

活动 2

故事会：劳动故事我来讲

活动描述

工人阶级是我国的领导阶级，是先进生产力和生产关系的代表，是坚持和发展中国特色社会主义的主力军。回望波澜壮阔的百年征程，无论是在风雨如磐的革命年代、如火如荼的建设时期，还是在激越奋进的改革开放征程上，特别是进入新时代，我国工人阶级总是在党的领导下，艰苦奋斗，建功立业，为祖国发展贡献智慧和力量。

开展故事会活动，讲述那些平凡却震撼人心的劳动故事。

活动目标

1. 培育积极向上的劳动精神。

2. 培育认真负责的劳动态度。

活动流程

搜集故事

全班分为若干小组，每组 4 ～ 6 人，搜集祖国发展过程中做出重要贡献的劳动者的劳动故事。

【故事示例】

载人航天工程总设计师周建平：我们的征程，是月球以及更远的深空

1970 年 4 月 24 日 21 时 35 分，中国第一颗人造卫星“东方红一号”从戈壁大漠腾空而起，无数人通过无线电波听到从太空中传回的《东方红》乐曲。这一幕，成为一代中国人不可磨灭的记忆。

彼时，还是一名小学生的周建平看到卫星从头顶星空划过，在心里悄悄种下了一颗科学的种子。

几十年过去了，经过几代航天人的接续奋斗，我国航天事业创造了以“两弹一星”、载人航天、月球探测为代表的辉煌成就，我国正在从航天大国向航天强国迈进。

而曾经的少年周建平，如今已成为中国载人航天工程总设计师、中国工程院院士。

从大学教授到追梦航天人

时针拨回至1992年，中央决定组织载人航天工程技术经济可行性论证。主管论证的国防科学技术工业委员会请国防科技大学推荐年轻的科研人员参加论证工作，作为航天技术系教授的周建平被选中。

经过半年的论证，论证组提出载人航天的方案。当年9月21日，中央正式批准了载人航天工程按“三步走”的发展战略实施：第一步，发射载人飞船，初步建成配套的试验性载人飞船工程并开展空间应用实验；第二步，突破航天员出舱活动技术、空间飞行器的交会对接技术，发射空间实验室，解决有一定规模的短期有人照料的空间应用问题；第三步，建造空间站，解决有较大规模的长期有人照料的空间应用问题。

论证工作结束后，周建平还是回到了学校当老师。然而在7年之后，1999年，他调入中国载人航天工程办公室，1个多月后就随试验队专列进场，参加神舟一号发射任务，由此，开始了他20年的载人航天职业生涯，而这也正是中国载人航天取得辉煌成就的20年。

1999年11月20日清晨，神舟一号试验飞船被长征二号F火箭送入太空，完成了各项关键技术验证。神舟一号成为我国成功发射的第一艘无人飞船。神舟一号任务的圆满成功，标志着我国载人航天技术获得了重大突破，为实施载人航天工程后续任务奠定了重要基础。

然而，早期的载人航天工程无论是技术基础，还是质量水平、管理水平都比较薄弱。周建平说，当时神舟一号在发射场出了上百个质量问题，科研人员花了四个月时间才解决掉这些问题。

周建平说，他永远忘不了神舟一号飞船发射的时候。“当时大家都凝神贯注，等着火箭点火、起飞，飞行差不多十分钟进入轨道后，我就看到火箭总指挥黄春平和总设计师刘竹生院士的眼泪唰就流下来了。”这样的情绪，一直延续到神舟一号飞船一天后返回。当着陆场报告显示返回舱完好时，在载人航天工程办公室里，大家哭着笑着，所有人都拥抱在了一起。

决不能把风险带到天上

2002年1月，中国航天史上发生了一件飞船从发射场撤场的事件。神舟三号飞船从北京运抵发射场后不久，科研人员发现，飞船一个插座的两路信号中，有一路有一个点不导通，科研人员随即对所有点进行测试，测试结果显示，除那一个点外，一千多个点都是好的。

由于飞船有冗余措施，设置了两路信号，其中一路中的一个点出现问题，并不影响飞行。而此时撤场，就意味着发射取消，回去重新进行检修，不论从时间，还是整体计划、经济角度考虑，甚至对人的心理，都会产生很大的影响。

然而，试验队最终选择撤场，这也是中国航天史上第一次火箭进场后撤场。回忆起这段经历，周建平说："我们决不能把风险带到天上。就这一次任务来讲，确实不一定出现问题，但如果以这样的理念去做事情，那只能是躲得了初一，躲不了十五。"

三个月后，神舟三号飞船再次回到发射场上，没有检测出任何问题，顺利升空。

而这次撤场事件，也让航天人更清楚，不论何时，都要把航天的安全、产品的可靠放在第一位，一旦发现任何质量问题，必须一票否决。

2006 年，周建平出任中国载人航天工程总设计师，此时，他面对的最大挑战，就是神舟七号要实现中国航天员首次太空出舱。

2008 年 9 月 27 日，是目标实现的日子。航天员翟志刚准备出舱那一刻，牵动着所有人的心。然而，舱门开了一个缝，却很快合上了。

出现问题了吗？

然而，在指挥中心的周建平却稳稳地坐在椅子上，丝毫看不出紧张。"我想了想我们的研制过程，想了想我看到的这个图像和数据，我觉得没有问题。"周建平回忆道，"发射前，我们每个人都做了充足的准备，为出舱做了大量的试验，做了各种方案和预案，甚至还准备了助力的装置，打不开舱门时，可以用这种方式开舱门。我相信航天员，相信舱门一定能打开。"

几分钟后，正如周建平想的那样，航天员翟志刚打开了舱门，完成出舱后，他手举国旗进行挥舞。距离地球 300 多千米外的太空，第一次飘扬起了五星红旗。

宇宙那么大，我们应该去看看

在那之后，2012 年神舟九号载人飞船再次出征，与天宫一号空间实验室实现对接，叩开了中国首个太空家园的大门；2013 年神舟十号载人飞船发射成功，女航天员王亚平在太空授课；2016 年神舟十一号载人飞船发射升空后，航天员在天宫二号空间实验室驻留三十天；2017 年，天舟一号货运飞船与天宫二号空间实验室成功对接，正式叩开了中国空间站时代的大门……

星空浩瀚无比，探索永无止境。

2019 年 7 月 19 日，天宫二号空间实验室受控离轨陨落大气层。少量残骸落入南太平洋预定安全海域，这标志着载人航天工程第二步任务圆满收官，我国正式进入空间站时代。

在周建平看来，载人航天的价值是独特的，人到哪里，人类文明就扩展到哪里。“我们的探索步伐，不会仅仅止于空间站。宇宙那么大，我们人类应该去看看，我们中国人更应该去看看，走得更远。我相信在不远的将来，中国人的脚步将迈向月球以及更远的深空。”

（资料来源：央视网，2019 年 11 月 20 日，有删改）

分享准备

每组选出一名代表进行故事分享，每个人可根据自己的讲话风格修改出不同版本的劳动故事，可先在组内轮流试讲，然后投票选出最合适的人选。

故事分享

各组派出代表进行劳动故事分享，要求声音洪亮，普通话标准，脱稿完成讲述，故事充分展现积极进取、健康向上的精神风貌。

活动反思

活动结束后，各组针对整个故事会活动进行反思，主要包括以下几个方面：

①搜集的故事是否真实、生动、有感染力；

②故事讲稿逻辑是否清晰、故事是否足够精炼；

③演讲人表现是否符合预期，哪里还可以继续提升；

④其他成员在整个活动过程中是否也充分发挥了积极作用。

活动评价

活动内容	标准	分值	活动评价		
			自评	互评	师评
故事搜集	故事真实生动、积极向上	30			
分享准备	团队协作，每个人充分展示	30			
故事分享	完全脱稿，表述清晰，声音洪亮	30			
活动反思	积极发言与反思	10			
合计		100			

传承新时代劳动精神

幸福都是奋斗出来的。美好的蓝图要靠劳动者用汗水绘就，华丽的篇章要靠奋斗者用双手书写。劳动模范是时代的先锋、民族的楷模。他们身上承载和彰显的劳模精神、劳动精神、工匠精神一直发挥着引领作用，丰富和拓展了中国精神的内涵，助力中国实现从站起来、富起来到强起来的历史性飞跃。新的时代和使命呼唤新的担当。当代青年学生，要有争当“劳模”的志气，弘扬和传承劳模精神、劳动精神、工匠精神，让这些精神在新时代熠熠生辉。

任务一

平凡铸就伟大——劳模精神

任务导言

在党的领导下，我国工人阶级和广大劳动者与祖国共成长、与时代齐奋进，奏响了“咱们工人有力量”的主旋律，各条路线英雄辈出、群星灿烂。在长期实践中，我们培育形成了爱岗敬业、争创一流、艰苦奋斗、勇于创新、淡泊名利、甘于奉献的劳模精神。新形势下，我国工人阶级和广大劳动者要继续学先进、赶先进、超先进，用劳动模范和先进工作者的崇高精神和高尚品格鞭策自己，焕发劳动热情，汇聚实现中华民族伟大复兴中国梦的磅礴力量。

目标导航

知识目标

1. 了解什么是劳动模范。

2. 掌握劳模精神的基本内涵。

能力目标

1. 能够做到爱岗敬业、争创一流、艰苦奋斗、勇于创新。

2. 培养淡泊名利、勇于奉献的良好品质。

素质目标

1. 树立弘扬劳模精神的自觉。

2. 争做新时代合格的劳动者，努力承担社会责任。

劳动语录

老是把自己当作珍珠，就时时有怕被埋没的痛苦。把自己当作泥土吧，让众人把你踩成一条道路。

——鲁藜

案例导入

李子杰：追梦无悔　扎根乡村大地的供电劳模

国网安徽省电力有限公司利辛县供电公司的基层员工李子杰，2020年被授予“全国劳动模范”荣誉称号。这是李子杰继获得全国五一劳动奖章、安徽省劳动模范和亳州市劳动模范之后的又一殊荣，也是中国劳动模范最高级别的荣誉。

在李子杰的职业生涯中，电力安全管理占据了大半。根据14年的安全管理经验，李子杰总结形成“细、柔、严、宽”四种方法，让复杂的安全管理环境处置起来更加灵活。这使得他在督查电力施工现场时，被督查人员无不心服口服。从事全县乡镇供电所安全管理工作时，他用4年时间走遍了利辛县23个乡镇，对全县60条长达3000余千米的10千伏线路的运行状况了如指掌。在供电服务工作中，他依然保持着要做就做好的精神。他认为，客户有需求，自己用最大的努力让客户满意就是优质服务。

初中文化水平的李子杰，对电的理论知识很欠缺。于是，他白天奔忙工作，晚上挑灯学习，自学电工基础、电力线路运维管理等知识。得益于扎实的基本功和丰富的专业知识，李子杰在2011年亳州市举办的首届职业技能大赛中获得了配电线路工竞赛类第二名的优异成绩，2012年荣获全国五一劳动奖章。2018年12月，担任马店供电所所长的李子杰仅用一年时间便带领该供电所成功创建全市首个国家电网公司五星级乡镇供电所，各项指标位居全县第一、全市前列。

李子杰从事供电工作25年来，晴天一身汗，雨天一身泥，从春节保供电到春检消缺，从迎峰度夏到秋季大检查，从迎峰度冬再到春节保供电，一年四季，辗转轮回。对于工作和社会他总是时间充足、无私给予，却对家庭照顾很少。多年来，家境并不宽裕的李子杰踊跃参与抗震救灾、助学济困、抗击疫情等活动，累计捐赠价值13.2万元的现金和物资。

“鲜花因汗水而绽放，事业因奋斗而勃兴。如果再给我一次机会，我还会选择这样做，做一名服务农村电力的劳动者！”李子杰说道。

（资料来源：人民网－安徽频道，2020 年 11 月 24 日，有删改）

李子杰怀着少年时在心中生根发芽的初心和“做就做好”的精神，尽心尽力保障电力施工安全，全心全意服务供电客户，扎根乡村大地，走出了一条光辉的追梦之路。谈谈李子杰展现了怎样的劳模精神。

开卷有益

一、劳动模范

劳动模范是指在社会主义建设事业中成绩卓著的劳动者，经职工民主评选，有关部门审核和政府审批后被授予的荣誉称号。

劳动模范是优秀劳动者的典型代表。从王进喜（图 2-1）、时传祥，到袁隆平、李素丽，再到许振超、郭明义，等等，每个时期的劳模都是时代的精神符号和力量化身。

图 2-1　铁人王进喜纪念馆

劳动模范是工人阶级的优秀代表。在中国革命、建设、改革的各个历史时期，我国工人阶级都具有走在时代前列、勇挑重担的光荣传统。劳动模范在工作生活中发挥着先锋和排头兵作用，在平凡的工作岗位上创造了不平凡的业绩，以辛勤劳动、诚实劳动和创造性劳动，持续推动着社会进步、国家发展和民族复兴。

劳动模范是时代的引领者。在不同时期，国家发展建设的侧重点有所差异，劳模的使命不尽相同，但他们在创造性实践和不断探索中激发出的蕴含着自主性、首创性、先进性元素的劳模精神，始终激励着广大职工建功立业，指引着社会进步的发展方向。

拓展阅读

把快递安全送到千家万户

2022年5月23日，夏日炎炎，在上海市闵行区京东快递北桥营业部，快递员宋学文正在忙碌着。原本在北京市工作的他，在上海市新冠疫情暴发时主动申请来支援。在驰援上海市的京东快递员和其他平台的快递员队伍中，宋学文是个“名人”。他是全国五一劳动奖章获得者、全国劳模。“我现在除了把快递安全高效地送抵客户外，还担任了同行人员的领队，要负责好支援人员的后勤保障、防疫防护工作。”宋学文说。

2022年4月18日，宋学文和同事抵达上海市。他们的工作要在严格遵守防疫规范下进行，末端服务时要履行最严格的上门健康标准。快递员需持核酸阴性证明上岗，而且每天都会做抗原检测，并执行安全无接触作业等流程规范。为减少人员接触，他们会提前与消费者联系，约定送至指定位置。工作时宋学文会穿上防护服、鞋套，戴上口罩。“每次脱防护服时，衣服里都湿透了！”宋学文说。每天早上7时，宋学文就要赶到营业部准备收货。“送得比较多的是生活物资，一般只能送到小区门口，再由社区志愿者送给客户。”

对宋学文而言，这不仅是在传递一件件包裹，也是送出一份份爱心。“因为见不到客户，我们都会发短信告诉客户快递到了，很多人都会回复‘谢谢，辛苦了’。”

（资料来源：《工人日报》，2022年5月30日01版，有删改）

二、我国劳模现象的五大基本特征

劳模现象是工人阶级先进性的内在本质最典型、最集中的外部表现。在我国社会主义建设和改革开放过程中，在各行各业的劳动建设战线上，到处闪现着一种惹人注目的亮点，那就是劳动模范、劳动明星、劳动能手，他们构成了社会主义劳动大军中的一道夺目亮丽的风景线。具体说来，劳模现象有五大基本特征。

第一，劳模现象是工人积极建设社会主义的宏大时空中广泛存在的现象。在社会主义建设和改革开放的各个时期、各个领域、各条战线、各个行业、各种岗位，都不断涌现出各种劳动模范，不论男女老少。半个多世纪以来，我国一代代劳动模范像汹涌的大海后浪推前浪，构成了劳模现象的宏大景观。

第二，所有的劳模都以超人的干劲和骄人的业绩，夺人眼目，震人心扉。纵览劳模的英雄事迹，他们多是在极其艰苦甚至险恶的环境中，面对常人难以想象、逾越的障碍，创造出了惊天伟业。以“宁可少活 20 年，拼命拿下大油田”的王进喜为例，在人迹罕见的东北荒漠，他带领工人们硬是用人拉肩扛，将数百吨的开采设备拖拉几十里运到施工现场；打井没有水源，他们以数百人的双手为输送带，用一个个的脸盆盛水传递，解决了几十吨的工程用水；发生井喷时，没有得力的现成设备，他们就跳进池中用身体当搅拌机，在刺骨的寒温中以冻坏双腿的代价，保证了油井的正常开掘。这种“有条件要上，没有条件创造条件也要上”的一往无前的干劲在各行各业的劳模事迹中比比皆是，每一个劳模都有十足的典型性。正是因为这样的拼搏精神，我国工业一穷二白的面貌得到了迅速改观，中国人以自己的能力和实力跻身世界民族之林，使西方不得不承认东方“睡狮”正在“醒来”。

第三，劳模对祖国和人民有着神圣的使命感，爱岗敬业，无私奉献。众多劳动模范虽然在不同的行业工作，事迹纷繁多样，但他们有一个共识：在工人阶级领导的国家里，我们是国家的主人，社会主义事业就是我们自己的事业。强烈的主人翁责任感，是他们劳模行为的强劲支撑，为国家和社会做贡献是他们最重要的价值取向。为此，他们干一行，爱一行，钻一行，精一行。为了国家更好、更快地发展，他们艰苦奋斗、勤俭节约、兢兢业业、精益求精，全身心扑在工作上，舍小家、顾大家，为事业最大限度地放出了光和热。

第四，贴近时代要求，敢于探索、不断创新、勇攀高峰亦是劳模现象一个显著的特征。劳动模范的工作热情和劳动贡献始终与社会主义建设和改革开放的需要紧紧相连。在我国建国初期的国民经济恢复改造时期，面对一穷二白、白手起家的条件，职工队伍中涌现出了一个典型的劳动模范——孟泰。作为一个配管工，在鞍钢恢复生产期间，他以爱厂如家的精神，经过长期通宵达旦的搜寻，捡回了数十万个零件，建立起了著名的“孟泰仓库”，并带动了全厂职工轰轰烈烈的修旧利废活动，在资源极度贫乏的情况下，这对钢厂迅速恢复生产起到了决定性的作用。在我国进入工业化进程中，还出现了马恒昌、王崇伦等劳模带头创新的现象。他们利用现有的技术条件，技改技革，土法上马，旧为今用，洋为中用，以“蚂蚁啃骨头”的精神，解决了一个个技术难题，极大提高了我国工业的技术水平。在打破帝国主义对我国经济技术枷锁的时期，“铁人精神”“两弹一星精神”又使我国在自力更生的基础上，综合国力上了一个大台阶。在改革开放、科技成为第一生产力的新的历史条件下，工人阶级队伍中又出了像李斌、许振超这样的知识型、智力型的劳模人物。同时随着我国精神文明的发展，以助人为乐为特征的李素丽的劳动模范风采，展现在世人的眼前。从劳模行为不断与时俱进的过程中，我们可以清晰地看出，重视知识，重视技术，重视科学，探求真知，始终伴随劳模工作劳动过程的始终，而作为工人阶级一部分的知识分子，更是在他们的劳动创造中，淋漓尽致地表现出了劳模对知识技术创新的不懈追求。

第五，绝大部分劳动模范都来自最普通的工作岗位。正是这些最普通的职工铸就了劳模的崇高精神和坚韧的意志，成就了他们不同凡响、令人瞩目的辉煌业绩。

拓展阅读

“时代楷模”钱海军：爱是一盏灯，照亮别人温暖自己

从“小钱同志”变成了“老钱师傅”，岁月改变了钱海军的容颜，但他那颗火热的心却始终未变。钱海军是国网浙江慈溪市供电有限公司的一名普通员工，自1999年成为社区义工以来，他从一个人到引领带动身边1200多人参与志愿服务，发起了“千户万灯”“星星点灯”“暖心空巢”等公益项目，累计帮扶3万余人。2022年5月，中共中央宣传部授予钱海军“时代楷模”称号。

“爱是一盏灯，照亮别人的同时，也温暖了自己。”2020年5月18日，在浙江省宁波市举行的“时代楷模”钱海军同志先进事迹报告会上，钱海军如是说。

钱海军从小在农村长大，村里民风淳朴，谁家碰到造房子、结婚这样的大事，乡亲们都会不计报酬地来帮忙。“我的父亲是一名党员，也是电工，经常免费为左邻右舍修电灯、换保险丝，看得久了，我就觉得这些都是应该做的。”钱海军直言，父亲的言行让他明白，帮助别人，自己也会感到快乐。

1992年，钱海军成为一名电工。彼时，钱海军的父亲对他说："军儿，进了单位一定要虚心向老师傅学习，刻苦钻研技术活，把技术练精，练出一身绝活，好好为老百姓服务，这样才算是一名合格的电工。"父亲的这句话一直鞭策着钱海军，从电厂维修工到电器设备技术员，再到社区经理，他跟着师傅和班长一刻不忘对业务技术的学习，逐渐成长为电力技术人员。

1998年，钱海军从农村搬到了慈溪市区，不时帮街坊邻居义务修电灯、换开关。慢慢地，他发现城市有一些老小区，老房子多，老年人多，很多老人连生活起居都困难，更无法保证用电安全。"第二年，我在社区居委会填了一张义工申请表，想发挥自己的专业技能，免费给社区居民解决用电方面的问题。"钱海军表示，为了帮助更多有需要的老人，他做了500张名片，挨家挨户发到社区老人手中，"我对他们说如果有用电方面的需求打我电话，这是义务服务，不收钱。"一个电话，两个电话，一传十，十传百，就这样，钱海军为社区居民免费提供用电服务的消息传开了。从那以后，只要老人们有需求，不论刮风下雨，钱海军都会在最短的时间内赶去。23年的时间里，他从来没有间断过。"用电有困难，就找钱海军"，老人们口口相传，钱海军服务的对象也越来越多。

据国网浙江慈溪市供电有限公司党委书记、执行董事童灵华介绍，在钱海军的精神感召下，该公司构建了五位一体"以德育企"模式，成立了以钱海军为带头人的劳模创新工作室、道德模范工作室、电力驿站，开设了企业道德讲堂，开展评选"微感动人物""钱海军式好员工"，实现了从"人人学习钱海军"到"人人都是钱海军"的升华。

2015年，国网浙江慈溪市供电有限公司又注册成立了钱海军志愿服务中心，发起了"千户万灯"等公益项目。此后，"千户万灯"项目也获得了广泛的社会关注，从慈溪市推广至宁波市，后又覆盖浙江省。

从2017年开始，钱海军团队结合东西部协作、结对帮扶，又把它带到了其他省份，并通过开展乡村电工培训班，授之以渔。近7年的时间里，这支队伍累计行程20余万千米，完成改造6000多户。

钱海军说："服务没有海拔，爱心没有距离。作为一名电力战线的共产党员，应该毫无保留，力所能及地把电和光送到老百姓最需要的地方去。"

（资料来源：中国新闻网百家号，2022年5月18日，有删改）

三、正确理解劳模精神

劳动的形态在更新，劳模的标准在“进阶”，但“爱岗敬业、争创一流、艰苦奋斗、勇于创新、淡泊名利、甘于奉献”依旧是新时代劳模精神的集中体现。

（一）爱岗敬业

爱岗敬业是爱岗与敬业的总称。爱岗，就是热爱自己的工作岗位，热爱自己的本职工作；敬业，就是以极其负责的态度对待自己的工作。爱岗是敬业的基石，敬业是爱岗的升华，爱岗和敬业互为前提、相辅相成。

一个人一旦爱上了自己的职业，就会全身心投入工作中，在平凡的岗位上做出不平凡的事业。也许有的人起初对自己所从事的工作不太感兴趣，但本着对工作岗位负责任的态度，必须努力培养自己对所在工作岗位的兴趣，同时还要尊重自己的岗位职责，全身心投入工作中。

敬业是现代人的必备素质之一。与以往的时代相比，现代社会的分工更加精细，一个产品从设计到生产、到销售、再到消费，中间要经过无数道工序和环节，任何一个工序或环节出错都会造成难以弥补的损失。设计不当，会影响产品的使用；生产不当，会出现次品、废品，凝结在其中的财力和资源就会被浪费掉；销售中保存不当，会影响产品的质量稳定性……尽管任何一个环节只对最终产品付出了部分劳动，但它们共同构成了产品的整体质量，所以，每一个环节都要求人们具有良好的敬业精神，从而保证产品的顺利生产和流通。

拓展阅读

销售冠军的“服务经”

8000多个日夜、十几万字工作日记、疫情期间筹集资金购买近6万元的防护用品……这是全国劳模、南京新街口百货商店股份有限公司电子商务部负责人吕雪瑾对奉献精神的生动诠释。

自费到厂家当学徒，只为尽快掌握鞋类商品特性；每日往返于仓库与柜台间的累计路程多达万米，只为帮顾客挑选到心仪的鞋子；平时加班加点、节假日放弃休息，只为把日常的工作做好——这些常人眼里难以做到的事情，在吕雪瑾看来，都是小事。

“因为热爱，所以可以不计报酬和付出”，在她眼中，奉献是一件幸福的事情，“当你全身心投入，就会有满满的获得感和成就感”。

近年来，传统实体商业受到电商模式强烈冲击，举步维艰。当时在客服中心任职的吕雪瑾看在眼里、急在心中，她反复摸索实体与电商的优缺点，苦寻良策，最终开发出“老字号商业信誉＋劳模品牌资源＋场景化休闲购物体验”与线上营销有机融合的新型服务模式。

眼看着商店的效益一天天好起来，吕雪瑾悬着的心终于落地了。从最初的“为每一双脚找到合适的鞋”，到如今带领“吕雪瑾劳模创新工作室”为商店带来上千万元的经济效益，无论是作为营业员，还是担任电子商务部的负责人，吕雪瑾总能把自己的工作当成事业去热爱，不计得失。

工作之余，吕雪瑾发挥劳模传帮带的优良传统，悉心总结营销经验，陆续编写了《面料知识》《顾客心理学》等20多门专业培训课件，同时，牵头各类职业培训数万人次，帮带新员工500多人次。

疫情期间，吕雪瑾以个人名义向南京市慈善总会捐款5000元。当得知南京市中医院组织医疗救援队驰援武汉后，她立即带领劳模工作室筹集资金购买了价值5.88万元的防护用品，无偿捐赠给南京市中医院赴武汉医疗队。

“奉献很有获得感。当我努力做好自己的工作，得到顾客的赞许和肯定，我也从中收获了信心和动力，也更加明白做这份工作的意义。”吕雪瑾笑言。

（资料来源：《工人日报》，2020年12月7日05版）

（二）争创一流

争创一流是一种积极奋发的精神风貌，是一种凝心聚力的目标追求，可以内化为每个人的工作动力之源。劳模是各行各业、各单位争创一流的典范，我们要学习劳模，积极参加技术革新、技术协作、发明创造、合理化建议等活动，充分焕发创新潜能和创造活力，创造一流的工艺、一流的质量、一流的管理、一流的服务，推动我国社会生产力水平实现整体跃升。

争创一流就要立高标准。争创一流是事业发展的上游目标、内在动力，是提高工作水平的基本前提和条件。如果工作标准低，一出手就是二流、三流的，工作的质量就得不到提升，碰到的难题就得不到解决，久而久之就会形成思维上的惰性，以至于因循守旧、思想僵化、行动滞后、徘徊不前。争创一流，就是在高起点上继续求高，在新起点上继续求新。争创一流，从表面上看，是行动的飞跃；从根本上讲，是思维的飞跃。

争创一流就要拓宽视野。创造一流的工作业绩，就要具备宽广的发展视野，眼光前瞻，视野开阔，瞄准前沿，着眼未来。一是不能局限于本单位、本系统范围，必须跳出本单位、本系统去追求一流水平；二是不能局限于自己的原有状态，不能只是跟过去的自己比，不能满足于小小的个人进步；三是要勇于走在前列，要具有长远的眼光和开放的思维，在更大范围、更高层次上找座次、定坐标。在工作中要有争创一流的魄力，只为成功想办法，不为失败找借口。比如，在技术方面要瞄准国际先进水平，用国际先进标准来衡量和要求自己，顺应当代世界科技潮流，不断激发动力、活力和勇气，敢于走在前列。

争创一流就要追求最优。一个志存高远的人，必定将追求最优作为自己的人生目标，从而不断增强争创一流的意识，并将其落实到实际工作中。追求最优是一个漫长的过程，它可以有明确的起点，但没有固定的终点。只要不断地追求，每一个阶段性的成果都会成为一个新的起点。追求最优，离不开客观条件，但不能过分依赖客观条件，要懂得环境创造人，人也创造环境。

（三）艰苦奋斗

艰苦奋斗是指为实现伟大的或既定的目标而勇于克服艰难困苦、顽强奋斗、百折不挠、自强不息、居安思危、戒奢以俭的精神和行动。艰苦奋斗精神的内在核心是不怕困难、自强不息，不屈服于艰难困苦，不懈怠于富足安逸，不满足于已有的成绩，不避讳于自己的差距，始终奋发向上，谦虚谨慎，保持一种不断进取的精神状态。

艰苦奋斗的内涵主要包括两个层面。一是物质层面。物质层面的艰苦奋斗要求人们的消费水平要限制在合理的范围内，这个合理限度的衡量标准要与时代的社会生产力水平相适应。它提倡的是勤俭节约，珍惜劳动创造的物质财富，自觉克服贪图安逸、追求享受的思想。二是精神层面。精神层面的艰苦奋斗是指不畏艰难困苦、锐意进取、坚忍不拔、奋发有为的精神状态和为人民利益乐于奉献的行为品质。这种精神状态和行为品质的本质是一种积极进取、奋发有为的世界观、人生观和价值观。

艰苦奋斗作为一种精神品格，既有恒定的价值内核，也有着时代性的特色价值。新时代赋予了艰苦奋斗新的内涵，这要求我们在思想上要锐意进取，在学习上要永不满足，在工作上要不断创新，在生活上要朴实无华。有的人错误地认为艰苦奋斗是贫困年代、困难时期提倡的一种精神，现在经济发展了，生活条件好了，没有必要再提倡艰苦奋斗。有的人甚至把坚持艰苦奋斗、勤俭节约看成是“古板迂腐”“不开窍”的思想和行为，把讲排场、比阔气、要派头当作时髦、荣耀、潇洒。实际上，弘扬艰苦奋斗的优良传统，不能以时代变迁作为追求名利的借口，不能只盯着眼前的利益。无论时代如何发展，只要人类改造自然和社会的活动不止息，艰苦奋斗精神就永不过时，并且始终值得提倡。

拓展阅读

闪闪“发光”的秘诀

柴闪闪，一个响亮的名字。十几年前，柴闪闪从老家湖北省老河口农村来到上海市打工，进入上海市邮政邮区中心局担任接发员。因为技能过硬、工作出色，他先后被评为2018年全国邮政系统先进职工，获得全国五一劳动奖章，当选全国人大代表，并在2020年获评全国劳模。

此前，柴闪闪放弃了好几次晋升的机会，迄今，他仍然只是中心局信息大组的副组长。选择扎根一线，他有自己的理由：我是以上海市农民工身份当选全国人大代表的，不能脱离了代表的群体，待在工友们中间心里踏实。

原本，柴闪闪的工作地点在机房，并不需要参加信件拣配，但只要一有空，他就会到拣配间和工友们一起干。他不仅是为了帮大家干活，还想听大家说说心里话，以便更好地履行农民工代表的职责。

接发员的工作是充当邮件转运人员的调度者，一线转运人员需要根据接发员提供的信息工作。因此，柴闪闪从不允许自己迟到。每天，他总是提前半小时到单位，充分做好各项准备工作。

遇到“双十一”“双十二”购物节这样的快递高峰时段，或者有大型会议在上海市举行，邮件需要安检等特殊情况，柴闪闪和同事们就会拿出特别能吃苦、特别能奉献的干劲儿，夜以继日地连轴转。

繁忙的工作之余，柴闪闪一直没有放弃学习。这些年来，他以团支部书记的身份，组织分中心转运岗位的青年员工利用业余时间进行自我提升，并且第一个获得了本科文凭。在他的带动下，几十名职工提升了学历，20多名职工晋升至高级工、中级工技术等级。

如今，作为邮件接发的专业技术人才，柴闪闪依然忙碌在邮政一线。“走得再远，也不能忘了来时的路。”他说。

（资料来源：《工人日报》，2020 年 12 月 7 日 05 版）

（四）勇于创新

创新是以新思维、新发明和新描述为特征的一种概念化过程。创新是人类特有的认识能力和实践能力，是人类主观能动性的高级表现形式，是推动民族进步和社会发展的不竭动力。

创新，就是要敢于突破老规矩，敢于打破旧框框，敢于接受新事物，创造性地建立新机制，制定新思路，采取新方法，取得新成绩。通俗地讲，创新就是独特、超越、与众不同。

创新的内涵相当广泛，包括了一切可供资源配置的创新活动，这些活动可能与技术直接相关（比如技术创新、产品创新），也可能与技术不直接相关（比如观念创新、思路创新、制度创新、管理创新、能力创新）。技术创新是企业发展的必要手段，产品创新是企业发展的落脚点，市场创新是企业创新的归宿。技术创新是产品创新的核心前提，产品创新是技术创新的具体表现。一切创新方式最终都要以产品创新为载体进入市场，而创新的效果必须由市场这把唯一的标尺来检验。因此，我们要善于抓住瞬息万变的市场信息，掌握市场创新的基本方法和手段，真正实现创新。

（五）淡泊名利

淡泊名利是中华民族的传统美德，是做人的崇高境界。淡泊名利不是力不能及的无奈，也不是心满意足的自赏，更非碌碌无为的哀叹，而是以超脱世俗、豁达客观的态度看待一切。

劳模的业绩与淡泊名利的崇高精神密不可分。许多劳模几年、十几年，甚至几十年如一日，像螺钉一样把自己“钉”在平凡的工作岗位上，默默耕耘，奋斗不息，脚踏实地地实现自己的人生理想和生命价值，正是因为他们具有淡泊名利的良好品德。

劳模之所以能做到淡泊名利，是因为他们对正向欲望有着清晰的定位，始终牢记最初的目标，合理控制自己的欲望。合理的欲望是事业发展、人类进步的力量之源。人们常因欲望的满足而快乐，因欲望的不满而痛苦。人的需求和欲望要合理适度，必须按照道德的、法律的标尺来规范和约束，降低欲望的高度，就是提高了幸福的程度。要做到淡泊名利，就要“修剪”杂念私欲，把欲望“去粗存精”，让积极健康、奋发向上的欲望，推动自己脚踏实地、气定神闲地迈向奋斗目标。

现代社会充满竞争，也充满诱惑和浮躁，人们的价值观呈现多元化。学习劳模精神，就是要学习他们“淡泊以明志，宁静以致远”的优秀品格，把为理想而奋斗当作人生快乐的源泉，用高尚的理想和情操充实自己的精神世界，努力实现人生价值。

拓展阅读

淡泊名利、无私奉献的“大地之子”

侯光炯（1905—1996 年），土壤学家，中国科学院院士，长期从事土壤地理、土壤分类和土壤肥力的研究及教学工作。20 世纪四五十年代，他提出用土壤粘韧曲线作为判断土壤肥力的方法。20 世纪 70 年代，他提出“土壤肥力生物热力学”理论。他毕生致力于创建和发展土壤学理论，开创了自然免耕理论和技术研究的先河。他长期深入农村，运用他的观点研究“水田自然免耕”技术并获得成功，农作物增产效果显著，为发展中国土壤科学作出了开拓性的贡献。

几十年来，侯光炯从未向组织提任何个人要求，连工作需要和政府规定范围内他应享受的待遇也常常谢绝。

1956 年 11 月，已是学部委员（后称院士）的侯光炯在工资晋升中获得一等工资。人们纷纷向他表示祝贺，他却向学校领导写信，主动要求降低工资等级。

三年困难时期，国家对党内高薪人员提出降低工资的要求，他第一个自觉请求降低工资。中国科学院每个月发给学部委员 100 元津贴，侯光炯不愿去领，他认为自己已经拿了国家发的工资，不应该再拿奖金。每次侯光炯都把寄过来的津贴又退了回去，中国科学院只好将侯光炯的钱存起来。后来侯光炯将这笔钱捐给了中国科学院图书馆。侯光炯一生生活俭朴，组织希望他注意营养，爱护身体，他常常说：“国家还很穷，农民的生活还没有得到大的改善，我不能接受优厚待遇。”“我们享受党和国家的东西越多，欠人民的就越多。我们所做的一切要对得起人民。”

改革开放以来，物质生活也越来越好，侯光炯依然粗茶淡饭。早上一碗豆浆，中午一个蒸蛋花，就算是改善生活了。一床蚊帐用了10多年，子女为他添置的新衣服，他舍不得穿，有的还送给了农民。他在学校的家没有任何装饰，家具是20世纪五六十年代的，没有彩电、冰箱等现代家用电器，只有一台黑白电视。

1989年，侯光炯被评为“全国先进工作者”，增加了两级工资。他每月留下369元，余下的用来设立土壤学青年科学奖励基金和交纳党费。1992年，四川省委、省政府授予他“四川省有重大贡献科技工作者”称号，并重奖10万元，侯光炯当众宣布：“这10万元，我一分钱也不要，将它全部用作农业科普博物馆的建设和办免耕技术培训班。”

20世纪80年代初期，领导考虑侯光炯长期在宜宾市长宁县农村蹲点，交通不便，视力又差，多次给他分配了购车指标，都被他一一回绝。1986年中国科学院成都分院将一辆吉普车无偿供他使用，也被他退了回去。九十高龄的他，在手扶拖拉机的拖斗中放把椅子，照样四处奔波，踏勘土地，指导农技，采集土样，分析研究。

（资料来源：四川省情网，2020年7月26日，有删改）

（六）甘于奉献

奉献原指恭敬地交付、呈献，现在则指满怀感情地为他人服务，做出自我贡献，是不计回报的无偿服务。奉献的内涵丰富，包括不怕困难、勇挑重担的精神，见义勇为、助人为乐的精神，不计报酬、不为私利的精神，勤勤恳恳、忘我工作的精神。奉献既需要在国家和人民需要的关键时刻挺身而出、慷慨赴义，也需要融汇和渗透在人们日常的工作和生活中。无私奉献精神是一个国家、一个民族、一个企业的精神精华，是推动经济社会发展进步的原动力。

无论是体力型劳模，还是智力型劳模，无论是生产者，还是创业者，无论是比表现，还是比贡献，劳模的核心价值始终是不变的，即为他人、为社会、为国家多奉献的道德感、责任感和荣誉感。劳模在平凡中追求不止、奋斗不止，用无私的奉献精神编织出美丽的事业蓝图。我们要学习劳模的奉献精神，把奉献作为自己人生价值观的重要“坐标”，从而规范自己的思想和行为。

活动 1

主题演讲：弘扬劳模精神

活动描述

翻开中华人民共和国的历史画卷，一大批忘我奉献、鲜活灵动的形象就会浮现在我们眼前。他们在自己平凡的岗位上做出了不平凡的业绩，用自己勤劳的双手和不懈的奋斗绘就了多彩人生，他们的精神激励着一代又一代劳动者与祖国同成长、与时代齐奋进。

以“弘扬劳模精神”为主题进行主题演讲活动，在活动中感受“中国梦·劳动美”。

活动目标

1. 掌握演讲的技巧。

2. 进一步体会劳模精神的丰富内涵。

活动流程

撰写演讲稿

以“弘扬劳模精神”为主题撰写演讲稿，演讲稿的内容要切合主题、积极向上，体现当代大学生的风采。

【演讲稿示例】

尊敬的老师们，亲爱的同学们：

大家好！

自古以来我国就不缺少辛勤耕耘之人。回望历史，有百姓面朝黄土背朝天，日出而作，日落而息；再看今朝，有青年为祖国科研事业热血奋斗，书写青春赞歌。劳动是社会的主旋律，是引领我们向前发展的不竭动力。

在科技发达的今日，我们依然离不开劳模精神。人们之所以如此重视劳模精神，是因为其强有力的内核支撑，是因为它对我们的生存发展乃至国家兴衰起着至关重要的作用。

劳模精神教会我们爱岗敬业、争创一流、艰苦奋斗、勇于创新。站在生产的流水线上，对每一件产品都严格要求，确保不让任何一件次品蒙混过关，对工件的计算做到准确无误——正是工匠们一丝不苟的严谨的工作态度造就了一件件的大国重器，这也是劳模精神赋予新时代的精彩内涵。劳模精神教会我们“但行好事，莫问前程”的无私奉献。站在三尺讲台，传递知识的力量，书写着一页页的人生华章，用行动践行何为“春蚕到死丝方尽，蜡炬成灰泪始干”——这正是广大教师们辛勤耕耘、无私奉献的最美写照，也是对劳模精神的最好诠释。

新时代离不开劳模精神，新征程离不开劳模精神。社会离不开劳模精神，我们离不开劳模精神。

劳模精神于个人而言是精神上的补品，于社会而言是社会前进的助推剂，于国家而言则是国家兴旺发达的中流砥柱。人们只有付出了劳动，才会有所收获，才能更好地体会到获得感。只有大家都体会到了劳动的社会价值，我们的社会才会变得更加美好，更加安定有序，我们的国家才能够拥有长治久安的保障。

我们要时刻谨记劳模精神的重要性，时刻弘扬劳模精神。“一屋不扫，何以扫天下”，我们不能只有远大的梦想抱负而忽视了基础，只有打好了基石，建筑才会稳固。同样，只有劳模精神永流传，社会才会不断地发展，人民的生活水平才能稳步提高，社会才会更加和谐美好。既然如此，何不让我们携起手来，共同让劳模精神的源泉充分涌流！

我的演讲到此结束，谢谢大家！

演讲准备

根据演讲稿制作演示文稿（PPT）或视频，还可搭配音乐。做好演讲练习，注意演讲要声情并茂，注意肢体语言的运用。

进行演讲

进行主题演讲，要注意演讲时间控制在 3 ~ 5 分钟。若有演示文稿（PPT）或视频，自带 U 盘提前将文件拷贝到展示电脑上。

【演讲的技巧】

1. 做好演讲的准备

了解听众，熟悉主题和内容，做适当的演练等。

2. 运用演讲艺术

演讲艺术包括开场白的艺术、结尾的艺术、立论的艺术、举例的艺术、反驳的艺术、幽默的艺术、鼓动的艺术、语音的艺术、表情动作的艺术等。通过运用各种演讲艺术，使演讲具备两种力量：逻辑的力量和艺术的力量。

3. 注意演讲时的姿势

演说时的姿势也会带给听众某种印象，例如堂堂正正的印象或者畏畏缩缩的印象。虽然个人的性格与平日的习惯对此影响颇大，不过一般而言仍有方便演讲的姿势，即所谓“轻松的姿势”。要让身体放松，反过来说就是不要过度紧张。过度紧张不但会使自己表现出笨拙僵硬的姿势，而且对舌头的动作也会造成不良的影响。诀窍之一是张开双脚与肩同宽，挺稳整个身躯。另一个诀窍是想办法扩散并减轻施加在身体上的紧张情绪。例如将一只手稍微插入口袋中，或者手触桌边、手握麦克风等。

4. 演讲时的视线

在大众面前说话，亦表示必须忍受大家的注视。克服这股视线压力的秘诀，就是一面进行演讲，一面从听众当中找寻对于自己投以善意而温柔目光的人，并且无视那些冷淡的眼光。此外，把自己的视线投向强烈“点头”以示首肯的人，对巩固信心也具有效果。

5. 演讲时的面部表情

演讲时的面部表情无论好坏都会带给听众极其深刻的印象。控制面部表情的第一个方法是“不可垂头”。人一旦“垂头”就会予人“丧气”之感，让听众觉得自己很不自信。而且若视线不能与听众接触，就难以吸引听众的注意。另一个方法是“缓慢说话”。说话速度放缓，有利于情绪恢复稳定，面部表情也得以放松，全身上下也能够泰然自若起来。

6. 声音和腔调

声音和腔调是与生俱来的，不可能一朝一夕之间有所改善。重要的是让自己的声音清楚地传达给听众。即使是音质不好的人，如果能够秉持自己的主张与信念，依旧可以吸引听众的热切关注。语速也是演讲的要素之一。为了营造沉着的气氛，语速稍慢是很重要的，不过也不能从头至尾一直以相同的语速来进行。

7. 与观众互动

演讲时要注意与观众互动，这样可以渲染氛围，增强感染力。

演讲评分

评委评分细则：

①着装整齐，大方得体；

②吐字清晰，普通话标准；

③表现力、应变能力强，能活跃气氛；

④观点鲜明，内容充实生动；

⑤具有创意性，演讲结构清晰，论据充足，逻辑性强；

⑥百分制，计算分值时，去掉一个最高分，去掉一个最低分，再累加后求平均值即为选手最终得分。

活动评价

活动内容	标准	分值	活动评价		
			自评	互评	师评
撰写演讲稿	演讲稿观点鲜明，逻辑清晰	50			
演讲	吐字清晰，应变能力强	50			
合计		100			

活动 2

主题班会：劳动模范进课堂

活动描述

劳模精神是百年来在党的领导下千千万万劳动模范舍己忘我、奋斗拼搏为建设国家、造福人民而形成的极其宝贵的精神财富。开展“劳动模范进课堂”主题班会，教育和激励学生健康成长，赓续红色血脉，意义重大。

活动目标

1. 进一步认识劳动模范应具备哪些品质。

2. 培养团结协作的精神。

活动流程

寻找并邀请劳动模范

为进一步弘扬劳动模范的模范先进作用，寻找并邀请劳动模范进课堂。根据近些年公布的劳动模范名单，寻找与本专业相关的较有代表性的劳动模范，通过多种途径联系劳动模范，邀请其来学校进课堂分享指导。受条件限制，如不能来校分享，也可采用线上连线的方式进行分享交流。

开展主题班会

设置两名主持人负责开场和班会流程主持。

①开场：主持人说开幕词，班会正式开始。

②诗朗诵：由负责朗诵的同学朗诵关于劳动的诗歌，活跃班会气氛。

③劳动模范分享：请劳动模范分享自己的劳动经历，以及获得劳动模范的感受。

④提问互动：班级同学向劳动模范进行提问，劳动模范进行解答。

⑤游戏环节：互动结束后，进行“齐心协力”小游戏。游戏规则：两人一组进行接力赛，两名参赛人员面对面或背对背，双手在胸前或背后交握，用身体将一个气球夹住，侧跑完成规定赛段，如果球落地，则要在球离开身体处由裁判重新放球继续赛程。比赛分初赛和复赛两个阶段，抽签决定比赛顺序。

活动总结

班会结束后，进行总结反思，思考此次班会有哪些较为成功和不足的地方，思考劳动模范具有哪些特点以及需要我们学习的地方。

活动评价

活动内容	标准	分值	活动评价		
			自评	互评	师评
邀请劳动模范	有礼貌，邀请方式恰当得体	20			
班会	流程清晰，互动性强	30			
游戏环节	团结协作，配合默契	30			
活动总结	认真总结，注意反思	20			
合计		100			

任务二

劳动创造美好——劳动精神

任务导言

热爱劳动是中华民族的传统美德，更是新时代追求卓越、奋勇前进的精神力量。践行劳动、尊重劳动，方可自在；热爱劳动、享受劳动，方可自为。在长期实践中，我们培育形成了崇尚劳动、热爱劳动、辛勤劳动、诚实劳动的劳动精神。劳动精神，内涵丰富、意境深远，跨越时空、历久弥新。新时代弘扬劳动精神，对实现中华民族伟大复兴，全面建设社会主义现代化国家，培育担当民族复兴重任的时代新人，具有重大和深远的意义。

目标导航

知识目标

1. 了解劳动精神的历史维度。

2. 掌握劳动精神的丰富内涵。

能力目标

1. 不断增强提高自身技能的行动自觉。

2. 能够弘扬和创新劳动精神。

素质目标

1. 培育崇尚劳动、热爱劳动、辛勤劳动、诚实劳动的劳动精神。

2. 增强生活自理能力和勤俭节约意识。

劳动语录

锄禾日当午，汗滴禾下土。谁知盘中餐，粒粒皆辛苦。

——李绅

案例导入

中华人民共和国第一位女拖拉机手

梁军，1930年出生在黑龙江省明水县。1947年东北解放后，她进入萌芽乡村师范学校学习。学校要搞机械化，梁军学会了开拖拉机。此后，中国第一位女拖拉机手梁军的名字，像春风一样传遍了神州大地，成了整整一个时代的象征。她还作为全国工农兵劳动模范代表，受到毛泽东、周恩来等党和国家领导人接见。

1947年，梁军的家乡开展了轰轰烈烈的土地改革运动，许多封建制度被废除，妇女第一次有了决定命运的自主权。在党的宣传教育下，她开始接受新思想，探求一条奔向光明的人生道路。17岁的梁军说服家人来到了萌芽乡村师范学校。不久，一部苏联电影《巾帼英雄》改变了梁军的一生。这部影片充满了革命英雄主义，片中的情节始终牵动着梁军的心。特别是主人公女拖拉机手安格林娜的形象，时时萦绕在她的脑海中。看完电影，梁军写了一篇《向英雄安格林娜学习》的日记，她心中第一次有了当一名女拖拉机手的愿望。

拖拉机手虽然风光，但工作的艰辛是常人难以想象的。当时学校开荒规模很大，经过短暂筹划准备，3台拖拉机便驶入了荒原。梁军从此在广阔的荒野里，开始实现萌芽人拓荒的梦想。为了提高作业效率，3个人只能一人一台车，梁军要和男同志一样昼夜连续作业，一天开车超过12个小时。她们干脆就住在荒野上的草窝棚里，在地里挖个坑放上锅就是炉灶，没有副食，就吃咸菜、野菜，饮用水就从荒地的水沟里取。在田地里作业，是“晴天一身土，雨天一身泥，整日两手油”。地里的蚊子又多又大，围着拖拉机手狂叮猛咬，几个小时过去，机手们满身都是被蚊子叮的大包，不到两天，梁军的脸就被蚊子叮肿了，脚上的脓包也感染了。几十天下来，她开荒量大，深浅一致，赢得了男拖拉机手们的佩服和敬重。后来，回忆起当年的垦荒，梁军说：“那时我们以苦为乐，以苦为荣，也没想过要什么名和利。我们最大的光荣是用自己的劳动成果支援了祖国经济建设和抗美援朝战争。”

（资料来源：东北网百家号，2019 年 12 月 25 日，有删改）

梁军说：“回顾自己的一生，无怨无悔，年轻时把自己的青春献给了北大荒建设，后来，又把后半生献给了农机事业。如果让我再选择一次人生，我还会做一名拖拉机手，为祖国耕耘、拓荒。”谈谈梁军的事迹体现了怎样的劳动精神。

开卷有益

一、劳动精神的历史维度

劳动精神是关于劳动的理念认知、价值追求以及劳动状态、行为实践的集中体现。

（一）中华优秀传统文化的深厚积淀

中华民族 5000 多年文明史就是一部厚德载物、自强不息的奋斗史。劳动精神是中华民族精神的重要组成部分，是对爱国主义精神和改革创新精神的具象化表现，是增强民族凝聚力的纽带，也是增强创造能力的动力来源。

勤劳勇敢、勤俭节约是中华民族的传统美德。中华民族儿女也用实际行动创造的各种先进成果、伟大成就、突出成绩验证了这一品质。江河治理，土地开垦，良种培育，发明创造，工程建设……这些都彰显着中华民族的劳动智慧和劳动精神。

（二）马克思主义劳动观的经典延续

历史过程中的决定因素归根到底是现实生活的生产与再生产。劳动是人类生存的基本条件，人类离不开劳动，劳动生产出来的物质资料是人类生存和发展的基础，劳动过程中形成的语言是人类文明的重要载体。劳动不仅是人类生存的必备技能，还是社会进步和发展的重要动力。

（三）革命实践的精神升华

实践是认识的基础，是认识的来源，更是认识发展的动力。任何一种精神的生成都离不开脚踏实地、深植实践的沃土。中国共产党从诞生之日起，就在马克思主义的指导下，带领中国人民浴血奋战、创造辉煌，使中国人民不再受奴役、受欺凌，使中国人民真正站起来。马克思主义给我们提供的从来不是现成的教条，而是让我们在此基础上，通过劳动和实践的结合，达到量的积累和质的飞跃。从百废待兴、一穷二白，到攻克科技难题，成功发射两弹一星，到通过忘我拼搏、吃苦耐劳拿下世界级大油田，甩掉贫油的帽子……这一系列的成就都是靠劳动来实现的。

二、劳动精神的丰富内涵

劳动是人类本质的展现。劳动应该使人感到幸福，给人带来愉悦的享受而不是痛苦的折磨。劳动幸福的实质是指人在劳动中确证了自身内在的本质，从而产生了一种深层的愉悦。

（一）崇尚劳动

无论时代条件发生怎样的变化，我们必须牢固树立劳动最光荣、劳动最崇高、劳动最伟大、劳动最美丽的观念。劳动最光荣是整个社会对劳动者的价值创造过程的充分肯定和赞扬，劳动中所产生的满足感是人的自我价值和社会价值的高度融合；劳动最崇高是对劳动的提倡和崇尚，是对劳动价值的高度肯定，激励人们坚定劳动的信念；劳动最伟大是对劳动精神的升华和高度解读；劳动最美丽激励劳动者从劳动中感受美，发现美，为建设美丽中国添砖加瓦，贡献出自己的力量。在社会主义现代化建设的过程中，要坚定这样的信念，才会在激烈的岁月洪流中屹立不倒。

要充分认识到人民创造历史，劳动开创未来，劳动是推动社会进步的根本力量的真理性意义；深刻理解按劳分配是实现社会正义的基本原则，鄙视不劳而获、少劳多获的投机思想；正确认识新时代劳动的复杂性与多样性，由衷认同“一切劳动，无论是体力劳动还是脑力劳动，都值得尊重和鼓励”的道理，切实改变轻视体力劳动和体力劳动者的错误心态，不能离开尊重劳动去谈时代精神。

拓展阅读

劳动不分贵贱，掏粪工成为“全国劳动模范”

时传祥（1915—1975 年）是一名粪便清除工人。他以“一人脏换来万人净”，赢得了人们的普遍尊敬，并因此荣获“全国劳动模范”等光荣称号。

出生在山东省齐河县赵官镇大胡庄的时传祥，15岁逃荒流落到北京城郊，受生活所迫当了掏粪工，从此在“粪霸”手下干了20年，受尽了欺凌。中华人民共和国成立后，党的阳光照耀着掏粪工人的生活，也照亮了时传祥的心，他加入北京市原崇文区清洁队，决心用自己的双手，为首都的干净美丽作出贡献。就这样，他以“宁肯一人脏，换来万家净”的精神，无冬无夏、挨家挨户地为首都群众掏粪扫污。在那些年里，他几乎放弃了节假日休息，有时间就到处走走，看看，问问，闻闻。哪里该掏粪，不用人来找，他总是主动去。不管坑外多烂，不管坑底多深，他都想方设法掏干扫净。他一勺一勺地挖，一罐一罐地提，一桶一桶地背，每天掏粪背粪5吨多，背粪的右肩磨出了老茧。

（资料来源：《工人日报》，2009年10月14日02版，有删改）

（二）热爱劳动

“热爱”一词是指主体对客体爱之程度很深。热爱劳动是劳动主体对自己所从事的岗位和事业从内而外散发出来的喜爱之情。这种热爱鞭策着劳动主体乐于主动劳动、承担劳动任务、持续投入劳动且无怨言。实现共同富裕是社会主义的本质要求，只有通过劳动才能创造出价值，只有人人乐于劳动、热爱劳动才能实现共同富裕。只有真正从心底里热爱劳动，才能有干劲儿，才能充分发挥主观能动性，真正做到为人民而劳动，为社会而劳动，为国家而劳动，实现自我价值与社会价值的有机统一。

热爱劳动是立业为人的根本。培养热爱劳动的情感态度，重点在于以下三方面。一是要积极参加劳动实践体验课程。要在自我服务劳动中体验自主的快乐，在家务劳动中体验感恩的幸福，在集体劳动和公益服务中体验造福他人的欢乐，在生产劳动和专业实践中体验创造的愉悦，不断深化劳动情感体验。二是要加强辛勤劳动意识与态度的培养。辛勤劳动是热爱劳动的试金石，一个人只有不辞劳苦、不惧艰辛，始终保持劳动的热情与干劲，才能真正称得上热爱劳动。三是要培养热爱劳动者的真挚情感。要深刻认识到正是身边一个个普通劳动者的辛勤与汗水建造了我们幸福成长的花园，珍惜他们的劳动成果是一个人的基本修养。

拓展阅读

“我从来就不只是‘卖房子的’”

学金属材料的张永刚，大学时获得过国家发明专利，按照大多数人的职业路径，他应该是做科研或进国企。然而，他最终进入了房产服务行业。“初期只是觉得自己一直待在象牙塔里，不接地气，想出来了解社会。”

万事开头难。张永刚记得，他第一个月工资不到2000块钱，本来想请同学吃个饭，愣是张不开口。父母那边压力就更大了。他们不理解读了这么多年书，为什么去做中介，也担心不稳定。“我就像滚入一个机器里边，不能抽出身来思考，被一些情绪裹挟，心理落差很大。不痛快的时候，我就想着左晖说的，‘做难而正确的事’。我不太会在言语上讲太多，就想通过行动做出来。”

在传统认知里，经纪人只是掌握信息差，撮合交易。但张永刚的自我定位是高水平、职业化的价值提供者。2018年，张永刚的人生第一个买卖单就卖出了一套价值1450万元的房子。那天晚上十一点半，他在店里看书，进来一对夫妻，说这个小伙子挺拼。“我当时做新房的工作做得特别充分，就等客户来咨询了。我跟他们讲了北京市场、局部市场、开发商最新的楼盘，讲区域，讲小区，讲卖点，讲产品。”建立信任后，张永刚带他们看了很多新房，到最后有两个盘拿不定主意，客户每天晚上下班后十一点多打电话叫他去家里聊天，经常聊到夜里十二点多，考虑到底选择哪个房，现在买房合适不合适，担心订了新房、旧房还没卖掉怎么办。“这个时候我真的跟朋友一样帮他们疏导。后来，这个客户还遭遇P2P暴雷，损失了上百万元，内心特别挣扎，他真的就把我当朋友，我们就坐下来推心置腹地商量解决方案。”

“我们的服务是有温度的，我对自己的定义是一个能提供多线价值的服务者。”张永刚说。除了温度，更重要的是尊严，而尊严必须通过专业和真诚获得。

（资料来源：燃财经百家号，2020年4月27日，有删改）

（三）辛勤劳动

人既是劳动的主体，也是劳动成果的享有者，真正的劳动必须全身心地投入。崇尚劳动涉及的是理想信念的问题，热爱劳动涉及的是心态的问题，辛勤劳动涉及的是力度的问题，诚实劳动涉及的是品质的问题。中国特色社会主义进入了新时代，需要亿万中华儿女坚定科学信念、坚持辛勤劳动，只有这样才能再次取得瞩目成绩。

在新时代，辛勤劳动主要包括勤学和勤劳两方面的内容。勤学，强调的是锐意进取、勤勉为人。新时代的劳动者要想有所作为，应当树立终身学习的理念，立足岗位，向师傅、向同事、向书本、向实践学文化、学科学、学技能、学各方面知识，增强自身综合素质，增长新本领，不断更新自我，积极应变，主动求变，与时俱进。勤劳，强调的是脚踏实地、奋发干事。回溯历史，任何一点进步、任何一次成功都是由人民的艰苦奋斗、辛勤劳动创造出来的。越是美好的未来，越需要我们不畏艰辛、不辞劳苦。新时代面对各种新挑战，我们需要苦干笃行，愈挫愈奋。

（四）诚实劳动

诚实劳动是社会主义阶段提倡的基本劳动道德。在劳动状态上，诚实劳动表现为“干一行、爱一行、专一行、精一行”地为他人提供优质服务的工匠精神；在经营活动中，诚实劳动表现为合法经营、按政策办事的劳动纪律；在精神境界上，诚实劳动提倡个人获得利益与为社会尽职尽责的和谐统一。

劳动既是个体的行为，也是全社会成员的集体实践。改革开放以来，人民的生活水平有了显著的提高。经济腾飞的同时，我们不可忽略市场上的诚信不足的现象。建立以道德为支撑、以法律为保障的社会信用体系，是规范市场秩序的治本之策。劳动精神是当代中国人民的价值取向，诚实劳动体现着人们对和谐、平等、无欺诈的劳动关系的需要，诚实劳动的品质夯实有助于转变投机取巧的浮躁之风、好大喜功的浮夸之风。劳动精神在全社会的蔚然成风，有助于促进人民的理性认同、情感认同和价值认同，在此基础上让真抓实干、埋头苦干的劳模精神和精益求精、追求卓越的工匠精神深入人心，从而提高劳动者的技术水平和职业操守，以进一步提高产品的质量。

三、劳动精神的弘扬创新

从原始劳动到创新劳动，是人类的进步跃升，在这个过程中劳动精神也要与时俱进，发扬创新。理论、制度、文化的创新离不开实践创新，而劳动创新是实践创新的外化表现。创造性劳动的核心是创造性思维，关键在于创造能力的培育；创造性劳动的主体是劳动者；创造性劳动的精髓在于劳动精神的继承和发扬。创造性劳动是充分实现人的本质的劳动，是促使每个人自由而全面发展的劳动。

弘扬劳动精神有利于广大人民群众自觉抵制不良文化渗透，摒弃懒散的、轻视劳动的心态。现有的精神弘扬路径较为单一，难以引起人民的情感共鸣。创新精神弘扬路径是当务之急。首先，从实际出发整合劳动精神文化资源，打造以劳动精神为重点的精品力作，注重宣传语言的通俗化、弘扬内容的大众化、传播方式的多样化、受众的广泛化，强化人们的劳动意识。其次，利用现代科技和手段，把时代元素融入劳动精神的文化产品之中，增强人们的情感共鸣。最后，对轻视劳动、污蔑劳动，以及误解、歪曲劳动者的不良社会现象进行强有力的监督和引导，努力形成尊重劳动、热爱劳动的积极舆论氛围，塑造辛勤劳动、诚实劳动的社会风气。

拓展阅读

郑志明：冲在前头 干在实处

机器手臂活动范围超出标准，客户要求两周内交付产品，咋办？“时间这么紧，我们做不了，你们更是做不了。”有外企工程师断言。广西汽车集团有限公司装备制造技师郑志明却说：“哪怕加班加点连轴转，也要攻破技术难题！”

连夜组织人员研究技术难点，数百次反复模拟试验，郑志明和他的团队啃下了硬骨头，及时完成了订单。“干好一件事，要有攻坚克难的毅力和追求卓越的志向。”郑志明说。

郑志明在单位是一名经验丰富的“老师傅”。车工、钳工、铣工、磨工、数控，他样样都会，甚至还练就了一手绝活：手工锉削平面，可将零件尺寸控制在 0.005 毫米以内；手工画线钻孔，孔的位置度误差能控制在 0.05 毫米以内，相当于一根头发丝粗细的 1/2。如此技艺，与郑志明的兴趣和勤奋分不开。郑志明小时候活泼好动，喜欢组装小玩具；参加工作后，他虚心求教，勤奋刻苦。与郑志明相熟的同事说：“那小子有股拼劲，别人口中的难事，在他看来全是乐事。”

前段时间，一些口罩生产线的耳带焊接工序不过关。郑志明主动请缨，负责生产线改良工作，将耳带焊接工序纳入自动化技术研究，使单条口罩生产线日产量从 2.5 万只提升至 6 万只。郑志明说：“凡事要冲在前头，更要干在实处。”

多年来，郑志明收获了不少成果：他带领团队自主研制完成515项工艺装备，交付使用1236套工艺和工程设备；他参与设计制造的涂装、焊接、装配等各类先进的自动化生产线超10条，为企业创造直接经济收益高达6002.95万元；由他自主设计制造的各种工艺装备，每年可为公司节省成本超过1000万元。

独木不成林，一花不是春。这些年，郑志明还悉心辅导青年员工，为公司培养了一批高素质技能人才。2018—2019年，他辅导的青年员工中有14人次在省部级技能大赛中获奖，5人次在国家级技能大赛中获奖。郑志明说："作为新时代的产业工人，我们就是要有理想、守信念、懂技术、会创新。"

（资料来源：《人民日报》，2020年12月4日12版）

活动 1

人物访谈：劳动模范面对面

活动描述

劳动是人类社会进步的根本动力。劳动模范不仅是国家栋梁、民族先锋、社会楷模、行业翘楚，也是我们身边可爱可敬、可亲可感的榜样典型。榜样并不像一些人所想的那样，站在高不可攀之处，让人只能仰望。恰恰相反，这些全国劳动模范和先进工作者，每时每刻都可能出现在普通人身边，让人们切实体会到他们身上燃烧着的能量。在全国劳模的行列中，不乏身处基层一线的护士、教师、技工、快递员……哪怕是在最不起眼的角落，这些平凡的人也坚持辛勤劳动，放出不平凡的光芒。

让我们走近劳动模范，通过对他们进行访谈了解他们生活中的“酸甜苦辣”。

活动目标

1. 树立正确的劳动观念。

2. 增强职业荣誉感和责任感。

活动流程

小组分工

将班级学生分成若干小组，每组 6 ~ 8 人，每组选出一个小组长。在教师的指导下，查找收集访谈实践的相关资料，确定访谈对象后，进一步制定合理的访谈实施计划，拟定详细的访谈提纲，做好访谈对象的背景资料收集工作。

组长根据每一位组员的特点进行组内分工。分工应包含访谈提纲准备、访谈过程中的主次采访者、访谈过程中的记录人员和拍摄人员、访谈记录整理人员、访谈报告撰写人员和访谈视频制作人员等。

面对面访谈

提前做好联系工作，开始面对面访谈活动，因种种原因无法进行线下采访的，可以通过视频连线的方式进行采访，并做好过程记录工作。

访谈前应注意：

①小组成员应团结合作，保持密切沟通，保障准备工作按时推进并顺利完成；

②准备访谈设备，包括笔记本、笔、照相机（或摄像机、录音笔等录音录像设备）；

③确定要访谈的劳动模范，预约好访谈的时间和地点；

④访问前要充分熟悉其背景资料，特别是被访谈者的人生经历和社会时代背景资料；

⑤组内确定访谈拟解决的问题，即通过访谈想要学习或了解的内容；

⑥拟定采访提纲和问题，根据需要了解的内容和采访对象的具体情况进行设计。

访谈中应注意：

①参与访谈的提问者不要超过两名，可以一名为主访谈人，一名补充提问；

②访谈过程中录音录像都要经过被访谈人的同意；

③在访谈过程中遇到不清楚的地方要及时提问，避免主观编造和添加访谈记录；

④面对不同的采访对象提问方式要有所不同，要根据被采访者的实际状态随时调整提问方式，同时要注意观察被采访者的神态变化；

⑤全部访谈结束后，可以询问对方是否还能提供相关资料。

形成访谈成果

根据访谈过程整理访谈资料，要将采访现场的环境写入访谈文章中，同时可将直接引用和间接引用相结合，如介绍劳动模范的经历时，可间接引用，而劳动模范讲述自己的经历时，若采用直接引用，采访报告会显得更加真实感人。

进行访谈视频的剪辑和后期制作，同时可制作课堂汇报演示文稿（PPT）。

可以将访谈文章和访谈视频的电子文件发送给被访谈人，也可以刻录成光盘或打印成纸质文件邮寄给被访谈人，请其过目并可适当提出修改意见，最后将确认后的定稿寄送一份给被访谈人，以表示感谢。

访谈成果分享

每个小组派出一名代表对访谈成果进行分享，谈谈小组成员对劳动模范的认识有了哪些变化。

活动评价

活动内容	标准	分值	活动评价		
			自评	互评	师评
访谈准备	分工合理，准备充分	10			
面对面访谈	问题合理，记录详细	40			
形成访谈成果	报告真实感人，视频主题突出	40			
访谈成果分享	积极分享，认识深刻	10			
合计		100			

活动 2

合唱比赛：歌颂劳动模范

活动描述

在创造新时代幸福生活的道路上，亿万劳动者留下了“劳动最光荣”的美丽身影。在这个气象万千的新时代，每一项中国制造，每一次科技创新，每一个民族品牌，都蕴含无数劳动者的智慧与创造。

举办一场合唱比赛，歌颂劳动模范，歌颂工人阶级和广大劳动群众阔步前进的壮丽航程，展望祖国新时代发展的辉煌篇章。

活动目标

1. 厚植爱国爱民的情怀。

2. 弘扬砥砺奋进的时代精神。

活动流程

分组选歌

全班分为若干小组，每组 8 ~ 10 人，每组选择两首曲目进行合唱，其中一首为必选曲目，一首为选唱曲目。

必选曲目必须选取与劳动主题相关的，与劳模精神相关的，能够歌颂劳动模范的歌曲。选唱曲目可以与劳动主题无关，但必须是含有“正能量”的曲目，反映大学生积极向上的精神面貌、崇高的理想追求和高雅的审美情操。

各小组自行解决伴奏问题。如需有专业的艺术指导，可邀请艺术学院的师生担任。

参加合唱比赛

可提前向学校相关部门申请场地举办合唱比赛。

各组选出一名领唱拿话筒，小组成员着装要注意干净整齐。

主持人负责报幕，各组依次上台。

班干部负责记录活动过程，以照片和录像的方式留存。

比赛评分

评委根据主题相关度、合唱效果等进行评分，去掉一个最高分，去掉一个最低分，其余分数加和取平均分。

另外现场还可设置投票箱，除了从专业角度评选外，另外选出一个观众最喜爱的合唱曲目颁发奖项。

总结分享

小组成员针对此次合唱比赛从前期选曲到练习到正式演唱进行总结，谈谈在这次歌颂劳动模范的合唱比赛中的收获和体会，并派出一名代表在班级分享。

活动评价

活动内容	标　准	分值	活动评价		
			自评	互评	师评
小组分工	分工合理，各司其职	10			
选曲	符合主题，积极向上	20			
演唱	音准佳，伴奏效果好	60			
总结分享	积极分享，认识深刻	10			
合计		100			

任务三

坚守成就未来——工匠精神

任务导言

真正的工匠精神，既不会在无聊反复的工作程序中自然天成，也非仅具天才之人才能攀登此高峰。唯有“干一行，爱一行”的职业追求，方能成就工匠精神。在我国几千年文明史中，工匠精神源远流长。“巧夺天工”“匠心独运”“技近乎道”等典故都是对这种精神的高度概括。中华人民共和国成立以来，大庆精神、“两弹一星”精神、载人航天精神等不断为工匠精神注入新的内涵。也正是在工匠精神的激励下，中国路、中国桥、中国港口、中国核电等，成为一张张让国人引以为傲的“名片”。

目标导航

知识目标

1. 了解工匠精神的基本内涵。
2. 掌握工匠精神的当代价值。

能力目标

1. 能在生活中践行工匠精神。
2. 能够不断提高自身的职业技能。

素质目标

1. 培育执着专注、一丝不苟的品质。
2. 培育精益求精、追求卓越的品质。

劳动语录

只要拥有一种纯粹为了把事情做到极致而忘我工作的欲望，我们每个人都会成为匠人。

——理查德·桑内特（Richard Sennett）

案例导入

杨金龙：兴趣坚持成就出彩人生 三尺讲台传承工匠精神

杨金龙出生在云南省保山市一个普通的农民家庭。2009年，杨金龙放弃了就读普通高中和复读的机会，选择到市里的职业学校学习。村里人知道后纷纷摇头，杨金龙自己却没有任何气馁和迷茫。

世界技能大赛被誉为“技能界的奥林匹克”。2014年2月，第43届世界技能大赛汽车喷漆项目中国集训基地落户杭州技师学院。杨金龙得知消息后毅然辞掉工作，决定报名参加世界技能大赛。最终他以全国选拔赛冠军的成绩挺进国家队。长达一年的高强度集训，枯燥又辛苦，但恰恰是这一过程，让杨金龙对工匠精神的内涵有了新的认识。“只有不懈地去钻研、不懈地坚持下去，兴趣之花才能结出丰硕的果实。”功夫不负有心人，2015年8月，杨金龙勇夺第43届世界技能大赛汽车喷漆项目冠军，使中国实现了世界技能大赛金牌零的突破。

获得世界技能大赛冠军后，杨金龙拒绝了很多企业的高薪聘请，回到了母校成为一名汽车喷漆专业的教师。做出这样的选择，杨金龙有着自己的想法：“当初学校培养我们，现在我当老师，就是要把接力棒握紧，把技术教给更多的学生，要提高整个行业的技术水准，当老师是一个很好的选择。”一转眼，陈金龙已在学校任教6年多了，这期间他为行业培训出了300余名技师，1000余名高级工。他成立了杨金龙技能大师工作室，指导同门师弟蒋应成获得第44届世界技能大赛汽车喷漆项目金牌，指导学生陈彬彬获得首届全国职业技能大赛汽车喷漆项目冠军。

谈到未来目标，杨金龙斗志昂扬，他说道，他不单单要证明一两个中国人行，而且要让中国的技术工人全都能行，将希望的种子散播出去。

（资料来源：人民网，2021年12月10日，有删改）

“不论是学知识还是学技术，只要感兴趣，能坚持，肯钻研，就一定能有出彩的人生。”聊到个人的“成功秘诀”，杨金龙这样说。通过杨金龙的故事，谈谈你对工匠精神的理解。

开卷有益

一、工匠精神的基本内涵

工匠精神属于职业精神的范畴，是从业者的一种职业价值取向和行为表现。具体而言，它是从业者，尤其是工匠们，对产品精雕细琢、精益求精的理念，是不断地雕琢产品、改善工艺的精神追求。工匠精神的核心是对品质的追求，工匠精神的目标是打造本行业的精品，其基本内涵包括以下四个方面。

（一）执着专注

执着是一种人生态度，是永不放弃的精神，是一如既往的追求，是难能可贵的坚持。坚持是一场漫长的分期分批的投资，而落实是对这场投资的一次性回报。

专注是工匠最宝贵的品格之一，也是现代社会稀缺的品质之一。专注是指集中时间、集中精力、集中资源、集合智慧，做好一件事，做完美一件产品。一个专注的人，才能最大限度发挥自己的积极性、主动性、创造性，成就最好的产品。

在专业化程度越来越高的现代社会，工作对个人的知识和经验不断提出更高、更广、更深的要求。一个做事总是摇摆不定、变来变去的人，只会将自己长时间积累的经验和资源在自己的摇摆和变动中全部浪费，而无法强化自己的专业知识，无法形成自己的核心竞争力，最终也就无法超越别人，更别提什么成为行家了。

在社会分工越来越细的今天，专家比杂家更容易获得成功。每个行业的细分领域都值得我们穷尽一生的精力去钻研和奋斗。任何一个大师级的人物，都是坚持把自己业内的事情做通、做透，才成为“大师”。人的时间是有限的，精力是有限的，机遇也是有限的，在有限的时间里只能做有限的事情，与其“东一榔头，西一棒子”“蜻蜓点水”地做事情，不如专心致志地“钉钉子”。

专注让我们可以更专业，让我们能够有更多的时间和精力去突破自己的“成长上限”。而如果把精力分散到不同的领域，则很容易在每一领域都很平庸。因此，我们应该将自己的注意力长时间地集中在一个领域，用心地去探索这个领域内的规律。

拓展阅读

干了近40年的航天，崔蕴永远不知疲倦

在天津航天长征火箭制造有限公司总装测试车间，有一位用生命制造火箭的老兵。他就是全国五一劳动奖章获得者、车间副主任崔蕴。崔蕴干了近40年的航天，是我国火箭总装领域的第一人，是痴迷新一代运载火箭的大国工匠。据不完全统计，2015—2019年，由于工作需要，崔蕴每年在家中休息均不超过10天。

2006年，新一代运载火箭基本型长征五号正式批准立项研制，这让“老火箭”崔蕴兴奋不已。“以往的火箭直径大多是3.35米，而长征五号直径是5米，这不仅仅是一个简单的数字变化，而是全新的火箭，一半以上都采用了新技术。”崔蕴说。在长征五号、长征七号运载火箭关键研制阶段，面对新的事业、新的挑战，崔蕴不改初心，义无反顾投入新一代运载火箭总装测试的组织管理和生产牵头工作中，继续用生命制造火箭。崔蕴带领年轻的总装测试团队不断开展攻关创新，创造性地应用自动化对接等先进技术，推行零缺陷和标准化管理模式，成功攻克研制过程中的一个个“拦路虎”。

崔蕴牵头研发的总装自动滚转设备，巧妙破解大直径箭体里技能工人无法灵活操作的难题，提高生产效率50%以上，并为后续更大直径运载火箭的研制工作奠定坚实的基础。参加工作几十年来，崔蕴先后设计并制造各类工作装备30多台（套）。他还不断推进车间的信息化、自动化、标准化进程，引入了数字化教学方式、大部段自动对接装置等，有效提高了劳动生产率和产品质量。

在崔蕴的传帮带下，一大批青年技术、技能骨干脱颖而出，崔蕴所带青年团队先后获得全国五四红旗团支部、中国青年五四集体奖章等荣誉，1人被评为全国三八红旗手，2人成为全国技术能手，3人成为高级技师。

现在的天津“大火箭”总装测试车间，共156人，平均年龄不到30岁。“让我最欣慰和自豪的是，通过这些年的努力带出了一个能为新一代运载火箭独立装配的年轻团队。”崔蕴说，“中国火箭事业的未来，还得靠他们。”

（资料来源：《工人日报》，2020年11月19日01版，有删改）

（二）精益求精

精益求精是指注重细节，追求完美，不惜花费时间和精力反复改进产品。工序有先后，精细有标准。只有严格控制每一道工序，跟紧每一道流程，做好每一个环节，保证每一个步骤都做到最好，才能有精美的作品问世。越是环环相扣、步步相连的工艺，越需要把每一个步骤都严格做到位，不允许有一点点的偏差。假如每一道工序都可允许 0.1% 的不合格率，那么一个流程（假设由 100 个工序组成）下来，产品的合格率就可想而知了。所谓“失之毫厘，谬以千里”就是如此。

精益求精要求做到严谨求实。严谨是一种严肃认真、细致周全、追求完美的工作态度；求实则是通过客观冷静地观察、思考和探求，悟透事物的内在机理，再采取最合适的方法去解决问题的做事原则。“天下难事，必作于易；天下大事，必作于细”——这是古代人所说的严谨求实。用规范、标注和精确来对待每一个零件、每一道工艺、每一次检测，将“容易”的事当“艰难”的事做，将“细小”的事当“天大”的事做，这是一个当代工匠对严谨求实的实践。

（三）一丝不苟

一丝不苟是指办事认真，连最细微的地方也不敢马虎。认真能激发起每个人身上所蕴含的无限潜能。一个认真做好本职工作的员工，即使能力稍逊一筹，也可能创造出大的价值；而一个人的能力再强，他如果不愿意付出努力，就不可能创造优良业绩。

一丝不苟是工匠精神的一种体现，同时也是一个人品行的反映。只有养成认真的习惯，才能充分展现自己的能力，才能在自己的职业生涯中获得成功。学会认真，养成认真工作的习惯，无疑是每个人事业道路上最重要的必修课。

拓展阅读

较劲毫厘

——记中国兵器工业集团淮海工业集团有限公司十四分厂工具钳工周建民

1982 年，19 岁的周建民以技校专业课第一的成绩考入当时的淮海工业集团有限公司——惠丰机械厂。作为全校第一名，周建民有一个“特权”，就是可以优先选择在哪个车间工作、学习哪个工种。周建民回忆说：“我想都没想就选了工模具车间。这个车间工人的技术水平是全厂公认最高的。”

在干活的时候，周建民喜欢不断地琢磨思考。他想：“这些每天接触的零配件，一直都靠人工打磨，能不能借助机器实现更快更好的生产？这样既提高了效率，也能解放更多的人力去干别的事情。”

为了实现这个目标，周建民晚上下班回到家就仔细研读相关书籍。一张张笔记的勾画、一次次实验的积累，终于让周建民成功摸索出提高零件生产的办法——周建民专用量规高效加工检测法。

在随后的工作中，他又系统了解了车、铣、镗、磨、刨、数控等不同设备的性能和操作方法，储备了大量有关量具方面的专业知识。

在反复探索中，周建民成了技术“大拿”，先后总结提炼出“三要诀加工法”“冷热配合法”“基准转换法”等工作方法，并被集团命名为“周建民操作法”。

工作中，周建民的尺度是精益求精。一次，公司生产调度找到周建民，说有个重点项目的量具部件太薄，让他想想办法。周建民发现这个量具加工部件较薄、间隙脆弱，数控切削很容易导致变形，就提出用纯手工加工，并把重点放在解决变形上。

“这对手的力度感和稳定性要求很高，稍不准确就会导致量具变形报废。”周建民说，既要保证尺寸、对称度，又要把握一丝一毫的细节变化。周建民凭借多年练就的力度感和稳定度，开始尝试对量具进行手工研磨。两天后，加工出的量具一次性通过精密检测，周建民松了一口气。几百万元的高精密进口设备干不了的活，就这样被他用双手“拿下”了。

2008 年，周建民投入“中国现代第一枪”电磁枪武器的研制中。将近一年的时间，周建民和他的团队都是在创新、失败、再创新的循环中度过的。最终，他们解决了枪体超深孔加工这个世界性难题。欢欣鼓舞过后，大家才发现周建民瘦了，头发也稀疏了很多。

进厂至今，周建民共完成 1.6 万余套专用量具，没有出现一次质量问题，成为山西省荣获中国质量奖个人提名奖的第一人。

现在，追求极致已经融入周建民的血液中，成了一种工作习惯。正是这种对极致的追求，让他创造了精度达到头发丝六十分之一的“周氏精度”。参加工作40年来，他一共完成1.5万余项专用量规生产制造任务，工艺创新项目1100余项，累计为公司创造价值3100余万元，获得实用新型专利13项，发表论文15篇。2011年，周建民技能大师工作室成为人力资源和社会保障部批准建设的全国首批50个国家级技能大师工作室之一，周建民也被誉为“为导弹制造标准的人”。

（资料来源：《工人日报》，2022年3月16日02版，有删改）

（四）追求卓越

对于工匠来说，追求卓越不仅是一种自我的超越，也充分展现了他们为国家、为民族、为社会、为人民创造最大价值的使命与担当。历代杰出的工匠都有“要做就要做最好”的信念，他们对技艺和品质有着达到“极致”的严苛要求，不以生产合格而以生产精品为目标，不刻意追求当下而放眼长远，不断改进工艺，提高品质效能，力求能在业内长久地领先同行。

对于我们每一个人来说，追求卓越可以在生活、学习和工作中得以实践。只要你不满足现在的状态或现有的成果，向着更快、更高、更强、更好的目标去行动、去努力、去奋斗，就是走在了追求卓越的路上。

拓展阅读

自主创新 追求卓越
——新时代北斗精神述评

独立的卫星导航系统，是政治大国、经济大国的重要象征。

从1994年立项到2000年建成北斗一号系统，从2012年开始正式提供区域服务到2020年服务全球……26年间，中国北斗人始终秉承航天报国、科技强国的使命情怀，探索出一条从无到有、从有到优、从有源到无源、从区域到全球的中国特色发展道路，从而使我国成为继美国、俄罗斯之后世界上第三个拥有自主全球卫星导航系统的国家。

2020年7月31日，北斗三号全球卫星导航系统正式建成开通。它的建成开通，是国之大事、喜事，很多人笑着笑着就哭了。当中，很多工程开创阶段时的科研人员，早已白发苍苍，但他们在建设北斗系统过程中孕育出来的“自主创新、开放融合、万众一心、追求卓越”的新时代北斗精神，已成为“两弹一星”精神、载人航天精神的血脉赓续，不断激励着新时代北斗人继续前行。

在我国筹建北斗卫星导航系统之时，世界上已经建成全球卫星导航系统。

起初，我们也想学习、效仿其他国家，可是在这个过程中遇到了一些难题。国家安全利益高于一切，所以，北斗系统必须自主可控。

要想在地球上任何地点任何时间实现定位导航，就得保证用户在地球上任何地点任何时间至少“看到”4颗定位导航卫星。GPS全球系统就是由24颗工作卫星组成的。

当时，我国经济底子薄，不可能“一步建全球”。1983年，“863计划”倡导者之一陈芳允院士，创造性地提出“双星定位”构想。这一方案，能以最小星座、最少投入、最短周期实现“从无到有”。

后来，北斗系统首任工程总设计师孙家栋院士，进一步组织研究提出“三步走”发展战略，决定先建试验系统，然后再建区域系统，最后建成全球系统。

1994年1月10日，国家批准北斗一号立项。6年后，我国建成北斗一号系统，正式成为世界上第三个拥有自主卫星导航系统的国家。

太空本无路，但中国北斗人硬是闯出了一条具有鲜明特色的中国道路。

2004年，我国正式启动北斗二号工程建设。

中国北斗人仍然没有采取其他全球卫星导航系统的单一轨道星座构型，又一次独树一帜地选择了混合星座的特色发展之路，在国际上首创以地球静止轨道和倾斜地球同步轨道卫星为骨干、兼有中圆地球轨道卫星的混合星座。

对于以服务亚太地区为主的北斗二号来说，这种“混搭”组合可以用最少的卫星数量实现最好的覆盖效果，而使用的高轨卫星的抗遮挡能力更强，尤其在低纬度地区性能特点更为明显。此外，混合星座还可以提供多个频点的导航信号，能够通过多频信号组合使用等方式提高服务精度。

“混合星座是国际首创。”中国北斗卫星导航系统工程总设计师、中国工程院院士杨长风说。

2007 年 4 月 14 日，第一颗北斗二号卫星成功发射升空，我国正式进入到北斗二号区域布网时代。至 2012 年 10 月 25 日，我国在 5 年半的时间内先后将 16 颗北斗二号卫星送入太空。

又两个月后的 12 月 27 日，我国正式宣布：自今日起，北斗系统在继续保留北斗卫星导航试验系统（北斗一号）有源定位、双向授时和短报文通信服务基础上，向亚太大部分地区正式提供连续无源定位、导航、授时等服务。这标志着我国北斗二号区域卫星导航系统建成并开始正式提供区域服务。

与其他全球卫星导航系统相比，2020 年 7 月 31 日正式建成开通的北斗三号全球卫星导航系统确实有自己的“独门绝技”：除提供全球定位导航授时服务外，还能提供短报文通信、星基增强、国际搜救、精密单点定位、地基增强等多样化服务，能更好地满足用户的多元化需求，是名副其实的“多面手”。

特别是短报文服务，其他卫星导航系统用户只能知道“我在哪”，北斗用户不但自己知道“我在哪”，还能告诉别人“我在哪”“在干什么”，开创了通信导航一体化的独特服务模式。

“在其他通信手段失效的情况下，北斗短报文通信可以成为传递求救信息、拯救生命的最后保险。”中国卫星导航系统管理办公室主任、北斗卫星导航系统工程副总设计师冉承其说。

如今，北斗三号将这一特色服务的功能进行了大幅升级拓展。其中，亚太区域通信能力可达到每次 14 000 比特（1 000 汉字），既能传输文字，还可传输语音和图片，区域短报文通信能力一次提高近 10 倍，每次支持用户数量从 50 万提高到 1 200 万。此外，全球短报文通信能力每次可达到 560 比特（40 个汉字）。

星间链路技术让卫星之间可以互相通信，是北斗三号实现自主导航的关键。这是因为，北斗系统的运行，需要地面站对卫星进行检测和信息注入，但有时卫星并不在地面站可覆盖的上空，而有了星间链路不仅实现了数十颗北斗卫星相互间的通信和数据传输，还能相互测距，自动“保持队形”，对运动至境外的卫星进行“一站式测控”。

我国北斗系统的标准服务精度为 6 ~ 10 米，而更高精度服务则需要北斗增强系统来助力完成。目前，我国已建成北斗地基增强“全国一张网”，可在全国范围内提供实时米级、亚米级精准定位服务。

2035 年前后，我国将建成以北斗系统为基础，更加泛在、更加融合、更加智能的国家综合定位导航授时体系。杨长风说：“现在回过头看，我们当时制定的北斗‘三步走’方案更符合中国国情，北斗的发展路线与星座方案设计充满了中华民族实践智慧和务实精神，为国际卫星导航技术体系贡献了中国智慧和中国方案。”

（资料来源：新华网，2021 年 12 月 9 日，有删改）

二、工匠精神的当代价值

工匠精神作为一种优秀的职业道德文化，它的传承和发展契合了时代发展的需要，具有重要的时代价值与广泛的社会意义。

（一）工匠精神是社会文明进步的重要尺度

要想实现中华民族伟大复兴的中国梦，物质财富要极大丰富，精神财富也要极大丰富。只有物质文明建设和精神文明建设都搞好，国家物质力量和精神力量都增强，全国各族人民物质生活和精神生活都改善，中国特色社会主义事业才能顺利向前推进。事实上，工匠精神的发育程度，同一个社会的物质文明、精神文明的进步程度关联密切。从精神文明来看，工匠精神作为一种职业精神，在本质上是同社会主义核心价值观，特别是同其中的“敬业”“诚信”要求高度契合的。从物质文明来看，工匠精神在物质文明的创造过程中可以发挥强大的精神动力及智力支持作用。

（二）工匠精神是中国制造前行的精神源泉

在许多业内人士看来，我国制造业大而不强，产品质量整体不高，背后的重要根源之一就是缺乏具备工匠精神的高技能人才。为实现中国从全球制造大国到制造强国的跨越，2015 年 5 月 8 日国务院印发《中国制造 2025》，提出了中国政府实施制造强国战略第一个十年的行动纲领。中国要迎头赶上世界制造强国，成功实现中国制造 2025 战略目标，就必须在全社会大力弘扬以工匠精神为核心的职业精神。只有当敬业、精益、专注、创新的工匠精神融入生产、设计、经营的每一个环节，实现由“重量”到“重质”的突围，中国制造才能赢得未来。

（三）工匠精神是企业竞争发展的品牌资本

随着市场经济特别是知识经济的到来，现代经济越来越呈现为一种品牌经济。在现代市场经济视域下，作为知识资本形态的品牌形象也是一种可经营的企业资本，是一种潜在的、无形的、动态的、能够带来价值增值的价值，是传统的会计体系反映不了的无形资本。塑造良好的品牌形象，有效开发、经营品牌资本，是企业参与市场竞争、占领市场制高点的重要手段。事实上，工匠精神在企业品牌形象塑造和品牌资本创造过程中具有十分重要的作用。工匠精神也是企业品牌内涵的重要体现，是企业品牌知名度、美誉度以及顾客忠诚度培育的有效途径，更是企业品牌资本价值增值的重要来源。

（四）工匠精神是员工个人成长的道德指引

尊重员工的价值、启迪员工的智慧、实现员工的发展，不仅是员工个人成长的强烈需求，同时也是现代企业的责任和使命。而工匠精神作为一种职业精神，是企业员工提升个人精神追求、完善个人职业素养、实现个人成长进步的重要道德指引。事实上，企业员工所具有的高尚的职业操守和工匠精神，同拥有较高专业知识技能一样，是其自身立足职场的重要条件和在未来职业生涯中脱颖而出的制胜法宝。

拓展阅读

数控铣工“亮剑”

——记陕西航天时代导航设备有限公司首席技师刘湘宾

“38名工人穿戴整齐，站得笔挺，列成一条线。”这是公司数铣组的晨会，是刘湘宾当班组长时留下的传统。

1983年，刘湘宾部队转业分配到工厂当数控铣工。“刚来，什么是铣刀、钻头都不知道，但我遇到一个好师傅。每天，挎包里装着技校13门课用的书，白天实践，晚上学到两三点，不懂的地方第二天向师傅请教，半年学完了技校两年的课。”

一年后，刘湘宾因为表现出色，每月能为师傅挣近100元的奖金；六七年后，他成了车间“挑大梁”的骨干；又过了几年，他当上了班组长，在数铣圈小有名气。

2000年，公司引进当时世界上最先进的“五轴五联动铣加工中心”，刘湘宾负责去国外交接技术，但“英语关”“软件关”让他头疼。于是，他买来英语课本，从字母学起，又拿出全部积蓄5000元，报班学编程。

干起活来，刘湘宾有股狠劲。某年，接到一个紧急任务，刘湘宾带领团队吃住在车间，半个月没回家，为了节省时间，睡觉也没脱过衣服。最终需要两个月完成的任务，刘湘宾团队只用22天就完成了。

“我们是航天人，要的是冲锋在前、敢于担责的‘亮剑’精神。”刘湘宾说。

中国质量工匠、全国技术能手、航天技术能手、陕西省劳模、三秦工匠……近年来，荣誉纷至沓来，刘湘宾已是两鬓霜雪。

刘湘宾所在的企业精密加工事业部数控组承担着国家防务装备惯导系统关键件、重要件的精密、超精密车铣加工任务。2018年5月，刘湘宾转入石英半球谐振子研究，有人提醒他：“石英玻璃易崩易裂，零件加工精度要求又高，是国际难题。”

刘湘宾没有退缩，查资料、访同行、绘图、建模……那一阵子，他通宵加班的次数更多了，回家也满脑子都是微米级的精度尺寸，一度熬得视线模糊。“实验做了无数次，每天面对失败，不止一次想放弃，但最后还是把自己逼回去了。”

一天半夜，刘湘宾从睡梦中惊醒，披衣而起，一路小跑到车间，把产品全部量了一遍。原来，他晚上梦到自己白天加工的产品多了5微米，量完后发现，尺寸都对。

“做航天，尤其是精密仪器的，产品要百分之百没问题，东西是要上天的，容不得半点儿大意。”

终于，2019年2月，刘湘宾远超预定要求，成功攻关，打通了该型号研制的瓶颈，为我国航空、船舶、新型防务装备、卫星研制提供了技术保障，使我国成为惯导领域超精密加工的“领跑者”。

多年来，刘湘宾带领团队，自制特种工装夹具及刀具100余种，这些工具均成本低、加工质量高。他们成功将陶瓷类产品的加工合格率提到95.5%以上，加工效率提升3倍以上。此外，他们加工的陀螺零件组装的惯性导航产品50余次参加国家重点防务装备、载人航天、探月工程等大型试验任务，均获成功。

“这是我徒弟雷方，陕西省技术能手，我的技术都教给他了。”“我徒弟苏长发，拿过‘航天贡献奖’。”“这是徒弟的徒弟蒲伟东，陕西国防技术能手。”走在车间，刘湘宾自豪地介绍着。

对外，刘湘宾参与陕西军工劳模服务团，跨行业师带徒多人，并作为客座教授多次外出授课。工作40年，他已记不清带过多少徒弟，很多人已晋升为技师、高级技师，成为一同奋战、完成无数急难任务的“战友”。

刘湘宾创新工作室成立以来，先后完成“半球动压马达柔性制造系统改造”等管理创新、技术创新18项；累计提出合理化建议100余条，据此优化工艺50余项；产生的22项攻关成果和研究课题解决了公司最关键、最迫切的技能难题，创造直接经济效益百余万元。

在他的带领下，团队超精密机械加工水平达到行业一流，尤其在加工微米级、亚微米级的高精度精密零件中，对轴的圆柱度、半球的球面度等加工精度和水平在中国西北片区独占鳌头。

“虽然快退休了，但我还有很多目标和想法。我会继续干下去，为自己热爱的事业、为航天梦再尽一份力。”刘湘宾说。

（资料来源：《工人日报》，2022年3月15日02版，有删改）

器物有形，匠心无界。作为一个制造大国所推崇的时代精神，工匠精神的指向早已超越了工匠这个单一的群体，折射出各行各业一线劳动者的精神风貌和价值追求。笃定初心，践行、弘扬工匠精神，将自己对人生、对事业、对国家的热爱转化为工作激情和创造能力，在平凡的岗位上做出不平凡的业绩——新时代奋斗者正在共同参与这样一场匠心接力赛。

活动 1

主题观影：《大国工匠》纪录片

活动描述

“工匠精神”对于个人，是干一行、爱一行、专一行、精一行，务实肯干、坚持不懈、精雕细琢的敬业精神；对于企业，是守专长、制精品、创技术、建标准，持之以恒、精益求精、开拓创新的企业文化；对于社会，是讲合作、守契约、重诚信、促和谐，分工合作、协作共赢、完美向上的社会风气。

通过主题观影了解大国工匠，体会他们展现出来的工匠精神。

活动目标

1. 进一步认识工匠精神的丰富内涵。
2. 继承和弘扬中华民族敬业奉献的优良传统。

活动流程

观看纪录片

班级组织观看《大国工匠》纪录片。这是 2015 年“五一”开始，央视新闻推出的系列节目，讲述了不同岗位劳动者用自己的灵巧双手，匠心筑梦的故事。选择其中三集进行观看，并及时做好记录。

撰写观影感受

观看完纪录片后，选择印象最深刻的一集撰写观影感受，要结合自己对工匠精神的理解进行撰写，字数要求 500 ~ 1000 字。

【观后感示例】

《大国工匠》纪录片选取了中国卫星、中国高铁、中国住建等世界领先的中国制造领域的代表性人物，呈现他们追求完美和极致、视技术为艺术、既专业又敬业的精神内核。

有一些劳动者，他们的成功之路不是上名高中、上名大学，而是追求职业技能的完美和极致。靠着传承和自己的专注，他们成为国宝级的顶级技工，成为所在领域不可或缺的人才。他们的技艺极其精湛，有人能在牛皮纸一样薄的钢板上焊接而不出现一丝漏点，有人能将密封精度控制到头发丝的五十分之一。

高凤林是我国运载火箭技术研究院熔融焊接特级技师。他的工作是给火箭焊“心脏”。高凤林高超的技艺让很多企业试图用高薪请他，甚至有人开出几倍工资加两套北京市住房的诱人条件。如此大的诱惑力谁能不动心？就连他的妻子也对他说，她动心了。但高凤林说，每每看到自己生产的发动机把卫星送到太空，就有一种成功的自豪感，这种自豪感金钱买不到。民族的自豪感让高凤林一直都坚守在这里。火箭的研制离不开众多的院士、教授、高工，但火箭从蓝图到实物靠的是一个个焊接点的积累，靠的是一位位普通工人的匠心。高凤林说，不断地把握事物发展的过程，不断地追求精致应该是我们人类努力的方向，也是我们工作人员努力的方向。

胡双钱是一位拥有不凡技术的职业技能师。他一直默默为航空事业奉献着自己的力量。一个完整的零件价值万元，关键在于它的工艺要求精益求精，36个大小不一的孔，相当于人头发丝直径的孔，却只能依靠胡双钱的一双手和一台传统的铁钻床来完成。工作经验的积累使他成为中国飞机制造团队里不可或缺的一分子。

奋斗在生产第一线的杰出劳动者们，他们的敬业勤勉，值得我们每个人学习。他们为我们的时代、我们的社会、我们的国家作出了许许多多的贡献，我们应该为之点赞，为之倾倒。我们应该传承他们的不平凡，学习他们的执着专注、精益求精的精神，在学习与实践中努力获取专业技能知识，不断进步，朝着自己的目标前进，争做社会和国家的栋梁之材。

交流分享

分享观看纪录片后的感受，谈谈自己对工匠精神的认识发生了哪些变化。

活动评价

活动内容	标准	分值	活动评价		
			自评	互评	师评
观看纪录片	认真观看，记录要点	30			
撰写观影感受	感情真挚，逻辑清晰	40			
交流分享	积极互动，认识深刻	30			
合计		100			

活动 2

时光邮局：给古代工匠大师写封信

活动描述

雕梁画栋，亭台楼阁，多姿多彩的建筑形成了中华民族独特的建筑风格和气度。而创造这些建筑的工匠大师在浩如烟海的古代典籍中却罕见记载，他们的名字淹没于历史的尘埃中。

给古代工匠大师写封信，让我们穿越时空，向他们表达我们的尊敬之情。

活动目标

1. 了解我国古代优秀建筑及匠人。
2. 学会珍惜劳动成果。

活动流程

搜集资料

搜集关于古代工匠大师的资料，了解他们的生平与贡献。例如春秋时期的鲁班、隋代的李春、宋代的李诫、元代的刘秉忠、清代的雷发达等。

写一封信

根据搜集的资料，选定其中一位古代工匠大师，给他写一封信。

给＿＿＿＿＿＿＿＿＿的一封信

交流分享

信写好后，在班级交流分享，并谈谈古代工匠与新时代的工匠有什么区别。

活动评价

活动内容	标准	分值	活动评价		
			自评	互评	师评
搜集资料	资料全面，来源可靠	20			
写信	符合规范，感情真挚	60			
交流分享	积极分享，认识深刻	20			
合计		100			

掌握并提高劳动技能

当今世界正经历百年未有之大变局，新一轮科技革命和产业变革深入发展，国际力量对比深刻调整，要把我国建设成为富强、民主、文明、和谐、美丽的社会主义现代化强国，实现中华民族伟大复兴的中国梦，任重而道远，需要我们每个人的辛勤劳动和艰苦努力。要扎实地学好专业理论，用理论指导实践，以诚实劳动创造价值；要积极参加实验实习、科学研究等实践教学环节，提高实践动手能力，为职业生涯打下坚实基础，以勤奋劳动服务事业；要勇于投身社会实践、志愿服务、科技创新等劳动实践中，掌握劳动技能，提高专业素养，以科学劳动促进发展。

任务一

自立自强我能行

任务导言

自立自强是支持着中国人立于世界民族之林的一种精神、一种信念、一种境界，是流淌在中华民族文明血管中的生生不息的血液，是中国人民代代相传的传世之宝。自立自强确立了靠自己不靠别人，自己对自己负责，自己承担责任，命运掌握在自己手里的观念，摒弃好逸恶劳、爱慕虚荣等错误的价值观。同时，自立自强使得自己能够鼓舞自己，激发自身的积极性、主动性，保持奋发向上的精神。几千年来，中华儿女正是以艰苦奋斗、自强不息的精神同自然灾害和外来侵略者做坚决的斗争，从而使中华文明生生不息，不断发扬光大。目前，我国经济下行压力较大，产业结构正处于调整时期，只有发扬自强不息、艰苦奋斗的精神才能够使我国走出困境，走出一条自我创新的道路。

目标导航

知识目标

1. 了解家务劳动的基本类型和注意事项。
2. 了解勤工助学相关内容。

能力目标

1. 掌握整理收纳、家庭烹饪、花卉养护、维护维修等基本生活技能。
2. 能够自主进行勤工助学。

素质目标

1. 体会自强不息在学习、生活、事业中的作用和重要意义。
2. 培养自立自强的精神。

劳动语录

一屋不扫，何以扫天下。——佚名

案例导入

用“菜品”传递中华文化

国宴作为一国最高规格的宴会，除了展示美食，更展示的是一国的国力、文化和领导人的个性风采，就这样，国宴间接成为最生动又让人紧张的“外交舞台”。孙立新作为中国当代著名国宴大师，曾多次担任多位国家领导人宴请中外贵宾的菜单主设计者。而如何设计好国宴的菜单？孙立新强调，设计国宴的菜单讲究的是用心。首先要考虑食品安全，其次是观赏性，最后是要符合外宾的口味。“在整个设计国宴菜单的过程当中，不管是菜品的设计，还是摆盘用的装饰品，以及食物量的控制，都要严格把控。”孙立新说，最重要的是要将中国的文化应用到国宴的菜品中，国宴菜单是以菜的方式来展示一个国家的文化特色。

在工作中，孙立新积极倡导以“以科技为先导、以质量求发展”的经营理念，敢于打破传统，大胆创新。为满足人们追求饮食新异、环保、健康的现代饮食消费理念，他潜心研究现代消费者的饮食心理，自学了“现代饮食营养学”等相关知识，并将所学的知识运用到实践中。

他根据现代营养学中的“美味与营养相结合”等原则，经过近一年时间的反复研制，以多种绿色蔬菜为主要原料，改进技艺，创新开发了绿色健康型的“蔬香酥”专利焖炉烤鸭。在研制过程中，他长期坚持在烤鸭炉旁，记录数据、观察颜色，试尝产品。在长达数千次的试验后，他终于研制出了具有领先潮流的焖炉烤鸭新品种“蔬香酥”。

近几年来，为了将中华饮食文化发扬光大，孙立新为各省市培养了大量的技术骨干，现在徒弟已经有将近百人，分布在全国各地。所有徒弟均获得高级技师称号，且多人获全国餐饮技术大赛金奖或“中国烹饪大师”称号。

（资料来源：央广网百家号，2018年6月14日，有删改）

谈到为何会坚守厨师这个职业，孙立新表示其实在那个年代，厨师是没有出路的。“但是既然选择了这个行业，就拼命地去学习，做好这件事情。”谈一谈孙立新的哪些品质助力他成为著名的国宴大师。

开卷有益

一、整理收纳

整理收纳最早起源于美国，盛行在日本。《断舍离》《怦然心动的人生整理魔法》等整理畅销书更是迅速引发了全球的整理热潮。在中国，这一行业的兴起相对晚一些，但近几年，整理收纳业正在迅猛发展。

整理收纳能使我们保持对生活的积极态度，学会生活的基本技能，提高自理、自立的能力，培养严谨认真的态度和习惯。能够做好整理收纳的人会更加注重细节，办事更认真，在工作上具有缜密的作风和勤奋敬业的精神。整理收纳的步骤如下。

（一）审视区域的性质

审视区域的性质相当于对这个区域的属性进行定位，比如这个区域的作用如何、日常使用场景如何、适宜放哪些物品等。

（二）了解物品的类别和数量

了解物品的类别和数量是整理收纳的前提。根据物品的数量、使用习惯、重要程度、日常使用频次来判断这类物品应该放在哪些区域，让区域内的物品放在合适的位置，方便日常的使用和寻找。

（三）测量空间

了解区域空间的大小，是选择什么样的收纳工具以及如何摆放物品的重要依据。根据区域空间大小，可以选择不同的收纳方式。

（四）选择收纳工具

在选择收纳工具时，要基于物品的数量、类别和空间尺寸进行思考和选择，基于需要什么、拥有什么去选择。切忌准备好收纳工具后，基于收纳工具进行整理。

（五）物品的分类和摆放

注意物品的分类和摆放对提升拿取效率非常关键，同类物品应摆放在一个收纳工具里。在分类时，只需要基于个人或者群体的习惯进行，通常大部分的物品只要是属性相同即可，无须太过细分。

（六）定位标签

定位标签的作用是快速定位。在制作定位标签前，需要提前规划好用什么文字，确定物品是什么类型等。面对物品分类多且大的区域，使用定位标签不仅方便拿取，也便于调整物品。

拓展阅读

整理空间　收纳幸福

网购“买买买”的战利品塞满了衣橱，囤积的闲置旧物堆积如山又舍不得扔，“熊孩子”的玩具扔得乱七八糟……你是不是也有过这样的烦恼？这种情况下，整理收纳师作为新兴职业应运而生，他们走进一个个都市家庭，帮助人们规划空间，梳理生活，增强幸福感。

“整理收纳师不同于传统的家政服务，不是简单地对房屋进行清洁。我们帮助客户合理规划人、物品、空间三者之间的关系，让物品好取、空间好用，让住在房间里的人更舒适，享受精致生活带来的乐趣。”李景轩说。

如今，像李景轩这样的职业整理收纳师越来越多。2021 年 1 月，人力资源和社会保障部公示了一批新职业，其中“家政服务员”职业下新增了“整理收纳师”工种。《2020 中国整理行业白皮书》发布的数据显示，目前国内接受过职业整理收纳师培训的人数为 7000 余人。有报道称，超 4 成整理收纳师年收入逾 10 万元，且整理行业在未来两年的职业岗位需求将近 2 万人。

这份看似轻松的工作，其实颇有讲究。李景轩说，每次接到订单，他都会提前到客户家里进行“诊断”，通过了解客户的生活习惯、查看布局、测量尺寸、拍照记录等环节，按需提供整理收纳方案。第二次上门便是按照方案进行改造和整理。整理收纳结束后，会出具翔实的书面报告，让客户清楚地知道改造前后的效果对比，以及自己的物品被归纳到哪个位置。如果客户不满意或有其他需求，他还会根据需要再进行调整。

上门整理收纳，少则几小时，多则四五天。“主要是看客户物品的多少和具体需求。物品多了，去的整理收纳师就多，目前的收费标准是一个整理收纳师每小时 150 元。”李景轩告诉记者，整理收纳师的工作并不是一个标准重复的工作，每个人的生活习惯和生活方式不同，整理收纳都是量身定制，不打乱客户习惯才能长久保持。

“内务训练是基础，是每一名合格士兵的基本功，可以说‘每个兵哥哥都是天然的整理师’。”曾是特种兵的李景轩，在网上注意到关于“整理收纳师”的新闻后，就产生了浓厚的兴趣。去年退伍后，他在山东自费接受相关培训后回到西安正式踏上创业之路。经过不懈努力，目前，自主创业的他月入2万余元，还有了属于自己的品牌和整理团队。

除去兴趣因素，更让李景轩“投奔”整理收纳师的原因在于行业前景。“身边不少家人、朋友都有整理收纳的苦恼，这个行业未来一定会有爆发式的增长。”他说。

在李景轩看来，专业的整理收纳师，不仅仅要对房间的凌乱进行梳理，更重要的是通过高质量的收纳整理，帮助客户摆脱凌乱无序的居家环境，让他们对待生活的态度也随之“焕然一新”。让他感到振奋的是，整理收纳师正在被越来越多的人认识，整理收纳的理念也得到越来越多客户的认同。

“对于想要清爽整齐的空间，但工作忙、没有时间或不太会归纳整理的年轻人来说，我们的出现大大缓解了物品杂乱带来的居家压力。”李景轩说，他们的客户多为经济独立的“80后”“90后”，这些客户有稳定的收入，有一定的收纳意识，对生活品质要求较高。整理收纳师不仅能帮助客户进行合理的空间利用和物品重置，还能够提高客户的生活质量，高效又省时。

“我们在整理空间的同时也在整理、收纳幸福。希望能通过我们的努力，让每个家庭更加温馨、和睦。”在上门服务的过程中，李景轩还了解到，不少有孩子的家庭，会经常因为找不到东西、谁来打扫卫生、家里一堆杂物等琐碎的家庭小事引发日常矛盾。

“我们可以把家里的空间规划得井井有条，帮助你想清楚自己到底喜欢什么、需要什么，家里的物品归置有序，每个人都知道自己的东西在哪儿，那么焦虑、烦躁、慌乱等消极情绪就会被治愈。有的客户家里的小朋友，也掌握了不少整理收纳的知识，养成了玩具不乱扔乱放、叠被子等好习惯。”他笑着说。

随着消费不断升级，人们越来越看重生活品质，整理收纳师的出现和崛起成为必然。疫情之下，人们有更多的时间待在家，这在一定程度上也促使人们认真思考家庭生活的重要性，以及整理收纳的必要性。

李景轩提醒想要入行的年轻人，在选择机构时一定要擦亮眼睛，注意辨别真伪，千万别被虚假宣传所蒙骗。此外，他希望国家能完善相关的政策保障，促进整理收纳市场的良性发展。

“我期待今后有更多的人加入整理收纳师队伍，通过专业服务，对人们的生活观念进行升级、带来改变，让更多人生活在高效、舒适、温馨的家中。”李景轩笑着说。

（资料来源：《陕西日报》，2021 年 9 月 7 日 10 版，有删改）

二、家庭烹饪

中国饮食文化源远流长。在中国传统的阴阳五行哲学思想、儒家伦理道德观念、中医营养摄生学说，还有文化艺术、饮食风尚、民族特征诸多因素的影响下，我国形成了博大精深的烹饪技艺和饮食文化。

知识链接

八大菜系

我国的菜系，是指在一定区域内，由于气候、地理、历史、物产及饮食风俗的不同，经过漫长历史演变而形成一整套自成体系的烹饪技艺和风味，并被全国各地所承认的地方菜肴。鲁、川、粤、淮扬四大菜系形成历史较早，后来，浙、闽、湘、徽等地方菜也逐渐出名，就形成了我国的八大菜系。

1. 鲁菜

鲁菜即山东风味菜，由济南菜、胶东菜、孔府菜组成。济南菜尤重制汤，清汤、奶汤的使用及熬制都有严格规定，菜品以清鲜脆嫩著称。胶东菜起源于福山、烟台、青岛，以烹饪海鲜见长，口味以鲜嫩为主，偏清淡，讲究花色。孔府菜是“食不厌精，脍不厌细”的具体体现，其用料之精广、筵席之丰盛，堪与过去的宫廷御膳相比。山东菜纯正醇浓，少有复杂的合成滋味，一菜一味，尽力体现原料的本味。其另一特征是面食品种多，小麦、玉米、甘薯、黄豆、高粱、小米均可制成风味各异的面食，这些面食许多成为筵席名点。

2. 川菜

川菜包括成都、重庆、乐山、自贡等地方菜。其主要特点在于味型多样，变化精妙。辣椒、胡椒、花椒、豆瓣酱等是主要调味品，不同的配比，化出了麻辣、酸辣、椒麻、麻酱、蒜泥、芥末、红油、糖醋、鱼香、怪味等各种味型，无不厚实醇浓。川菜具有“一菜一格”“百菜百味”的特点，各式菜点无不让人回味无穷。

3. 粤菜

粤菜即广东菜，由广州、潮州、东江三地特色菜点发展而成，是起步较晚的菜系。粤菜注意吸取各菜系之长，形成多种烹饪形式，具有自己的独特风味。广州菜清而不淡，鲜而不俗，选料精当，品种多样，还兼容了许多西方菜做法，讲究菜的气势、档次。潮州古属闽地，故潮州菜汇闽粤风味，以烹制海洋菜和甜食见长，口味清醇，其中汤菜最具特色。东江菜又称客家菜，客家为南徙聚居于东江山区的中原汉人，其菜乡土气息浓郁，以炒、炸、焗、焖见长。粤菜总体特点是选料广泛、新奇且尚新鲜，菜肴口味尚清淡，味别丰富，讲究清而不淡，嫩而不生，油而不腻，有“五滋”（香、松、软、肥、浓）、“六味”（酸、甜、苦、辣、咸、鲜）之别。粤菜时令性强，夏秋讲清淡，冬春讲浓郁，有不少菜点具有独特风味。

4. 淮扬菜

淮扬菜是中国长江中下游地区（其覆盖地域甚广，包括现今江苏、浙江、安徽、上海，以及江西、河南部分地区）的著名菜系，它有“东南第一佳味”“天下之至美”之誉，声誉远播海内外。由于后来浙菜、徽菜以其鲜明特色各为八大菜系之一，淮扬菜汇于江苏，同时烹饪界习惯将淮扬菜系所属的江苏地区菜肴称为江苏菜，这样，淮扬菜成为以扬州、淮安为中心，以大运河为主，南至镇江，北至洪泽湖、淮河一带，东至沿海地区的地方风味菜。淮扬菜选料严谨，讲究鲜活，主料突出，刀工精细，擅长炖、焖、烧、烤，重视调汤，讲究原汁原味，并精于造型，瓜果雕刻栩栩如生，口味咸淡适中，南北皆宜，并可烹制“全鳝席”。淮扬细点，造型美观，口味繁多，制作精巧，清新味美，四季有别。

5. 闽菜

闽菜是以福州、闽南、闽西三地区地方风味菜为主形成的菜系。福州菜清鲜爽淡，偏于甜酸，尤其讲究调汤，另一特色是善于用红糖作配料，具有防变质、去腥、增香、生味、调色的作用。闽南菜以厦门菜为代表，同样具有清鲜爽淡的特色，讲究佐料，长于使用辣椒酱、沙茶酱、芥末酱等调料。闽西位于粤、闽、赣三省交界处，以客家菜为主体，多以山区特有的奇味异品作原料，有浓厚的山乡色彩。闽菜以炸、熘、焖、炒、炖、蒸为特色，尤以烹制海鲜见长，刀工精妙，入趣于味，汤菜居多，具有鲜、香、烂、淡并稍带甜、酸、辣的独特风味。福建小吃点心独具特色，它取材于沿海浅滩的各式海产品，配以特色调味而成，堪称美味。

6. 浙菜

浙菜有悠久的历史，它包括杭州、宁波和绍兴三个地方的菜。杭州菜重视原料的鲜、活、嫩，以鱼、虾、时令蔬菜为主，讲究刀工，口味清鲜，注重突出本味。宁波菜咸鲜合一，以烹制海鲜见长，讲究鲜嫩软滑，重原味，强调入味。绍兴菜擅长烹制河鲜、家禽，菜品强调入口香、绵、酥、糯，汤浓味重，富有乡村风味。浙菜具有色彩鲜明，味美滑嫩，脆软清爽，菜式小巧玲珑、清俊秀丽的特点，以炖、炸、焖、蒸见长，重原汁原味。浙江点心中的团子、糕、羹、面点品种多，口味佳。

7. 湘菜

湘菜包括湘江流域、洞庭湖区和湘西山区三个地区的菜。湘江流域以长江、衡阳、湘潭为中心，这一区域的菜是湘菜的主要代表。其特色是油重色浓，讲求实惠，注重鲜香、酸辣、软嫩，尤以煨菜和腊菜著称。洞庭湖区的菜以烹制河鲜、家禽、家畜见长，特点是量大油厚，咸辣香软，以炖菜、烧菜出名。湘西菜擅长制作山珍野味、烟熏腊肉和各种腌肉、风鸡，口味侧重于咸香酸辣，有浓厚的山乡风味。

8. 徽菜

徽菜包括皖南、沿江、沿淮之地的菜。皖南菜包括黄山、歙县（古徽州）、屯溪等地的菜，讲究火功，善烹野味，量大油重，朴素实惠，注重保持原汁原味；不少菜肴都是用木炭小火炖、煨而成，汤清味醇，原锅上席，香气四溢；皖南虽水产不多，但烹制经腌制的“臭鳜鱼”知名度很高。沿江菜以芜湖、安庆地区的菜为代表，之后也传到合肥地区，它以烹制河鲜、家畜见长，讲究刀工，注意色、形，善用糖调味，尤以烟熏菜肴别具一格。沿淮菜以蚌埠、宿县、阜阳等地的菜为代表，菜肴讲究咸中带辣，汤汁色浓味重，亦惯用香菜配色和调味。

什么是烹饪？“烹”就是煮的意思，“饪”是指熟的意思。狭义地说，烹饪是对食物原料进行热加工，将生的食物原料加工成熟的食品；广义地说，烹饪是对食物原料进行合理选择调配，通过加工，使之成为色、香、味、形、质俱全的安全无害的、利于吸收的、益人健康的、强人体质的饭食菜品，包括调味熟食，也包括调制生食。

（一）烹饪原料

原料是烹饪的物质基础。随着经济的发展，烹饪原料更加丰富多彩，从品种、规格、品质、数量等方面都有了很大的发展和提高。烹饪原料可按以下几种标准进行分类。

按烹饪原料的自然来源划分，可分为四大类：动物性原料（如禽、畜、鱼）；植物性原料（如蔬菜、粮食、果品）；矿物性原料（如盐、碱）；人工合成原料（如香料、色素）。

按加工情况划分，可分为三大类：鲜活原料（如鲜鱼、鲜肉、鲜蔬菜、活禽等）；干货原料（如干鱼翅、干鱼肚、干海参、干鲍鱼等）；复制品原料（如火腿、腊肠、罐头食品等）。

按原料在菜肴中的地位划分，可分为主料、辅料（包括配料和料头）和调料三大类。

（二）调料

调料是人们用来调制食品等的辅助用品，它包括各种醋、食盐、糖等单一调料及鸡精调味料等复合调料。

1. 咸味调料

咸味自古就被列为五味之一。烹饪应用中咸味是主味，是绝大多数复合味的基础味，有“百味之首”之称。不仅一般菜品离不开咸味，就是糖醋味、酸辣味等菜品也要加入适量的咸味才能使其滋味浓郁适口。咸味调料包括酱油、食盐、酱甜味调料等。

2. 甜味调料

甜味古称甘，为五味之一。甜味在烹饪中可单独用于调制甜味食品，也可以参与调剂多种复合味型，使食品甘美可口，还可用于矫味如去苦、去腥等，并有一定的解腻作用。在中国烹饪中南方应用甜味较多，以江苏的无锡菜用甜味最重，素有“甜出头，咸收口，浓油赤酱”之说。甜味调料包括蜂蜜、食糖、饴糖等。

3. 酸味调料

酸味为五味之一，在烹饪中应用十分广泛，但一般不宜单独使用。酸有收敛固涩的效用，可助肠胃消化，还能去鱼腥、解油腻，提味增鲜，生香发色，开胃爽口，增强食欲。

酸味调料包括醋、番茄酱等。

4. 辣味调料

辣味实际上是触觉痛感而非味觉。不过由于习惯，所以人们也把它当作一味。辣味可增强食物口味，并刺激味蕾、增进食欲。辣味调料包括花椒、辣椒、姜、葱、蒜等。

5. 鲜味调料

鲜味是人们饮食中努力追求的一种美味，它能使人产生一种舒适、愉快的感觉。鲜味主要来自氨基酸、核苷酸和琥珀酸，它们大多存在于肉、鱼、蛋等主料中。味精、虾籽、鱼露、蚝油、鲜笋等食物也可以提鲜。鲜味不能单独存在，须同其他味配用，故有“无咸不鲜”“无甜不鲜”的说法。鲜味调料包括鱼露、味精、蚝油等。

知识链接

厨房 7 种调料的使用秘诀

1. 盐

作为“百味之首”的食盐，是我们厨房中每天使用最多的调味品，不管是做哪种菜，我们都会往里面加入一些盐。想让食盐调味效果好，食盐一定要最后入锅。如果加入过早，食盐的调味效果会很差。尤其是在做腌制类美食，以及炖汤的时候，一定要记得最后加入食盐。腌制类美食加入食盐过早，就会导致水分流失过快；炖汤类美食中食盐加入过早，就会导致肉又老、又柴。

2. 鸡精

鸡精的主要成分为谷氨酸钠，是在味精的基础上进行生产的。两者的调味效果都差不多，主要作用是用来提鲜。但是在加入鸡精调味时，也不能加入过早，因为长时间的高温加热，会使得鸡精营养流失。此外，加入鸡精时，一定要少加入一些。因为它富含了丰富的钠元素，而人体每天对钠的含量是有一定要求的，如果超过这个量，就会给身体带来影响。

3. 酱油

酱油的品种非常丰富，超市中的常见品种就有十几种。其主要被分为生抽和老抽两类。在面对其他调味品时，它们都统称为酱油。但是它们的作用却是不一样的，后者主要是用于上色，而前者主要是用于提鲜。二者在使用上是有较大区别的，不要混为一谈，否则调味效果就会较差。

4. 醋

醋的用途比较广泛，不管是平时做凉拌菜还是做炒菜时，我们都可以往里面加入一些醋。但是醋在使用时，切记不能加太多，因为它的味道很酸，随便一点就能起到很好的调味作用。除此之外，醋还有很好的中和辣味的作用。如果菜肴味道太辣，可以往里面加入少许醋，此时食物的辣味会大大降低，但是不宜加太多，以免影响菜肴本身的味道。

5. 料酒

料酒的主要作用是去腥。虽然其去腥效果很好，但是在使用时，切记不能用于低温烹饪。因为低温的环境很不利于料酒挥发，那么料酒就不能带走食物中的腥味，反而会残留酒精，从而影响菜肴的味道。尤其是调肉馅，以及做凉拌菜时，切记不能加料酒。想让料酒效果最大化，最好将其用于高温烹饪的炒菜或蒸菜。

6. 豆瓣酱

豆瓣酱经常被人们当作辣椒酱、黄豆酱、甜面酱来使用，其实这样的使用方式是错误的。因为豆瓣酱本身的气味很重，所以在做很多菜肴时，是不能加入豆瓣酱的，要不就是少加入。正常情况下的豆瓣酱，需要先用油炒一炒，炒出其香味以后，才可以用来炒菜调味。且豆瓣酱在使用时一次不能加入太多，平时家里做的炒菜只需一小勺就可以了。

7. 白糖

白糖主要有两种用途：一是用来提鲜，二是用来增色。它有着酱油所特有的特点。虽然白糖有酱油的特点，但是它的调味效果与酱油是完全不同的。平时做炒菜时，加一点点白糖，就能让菜有一股淡淡的甜味，从而增加鲜味。做卤菜以及红烧类的菜肴时，可以用白糖来制作糖色，使菜肴颜色特别红亮。

（三）刀工的基本要求

1. 刀工要与烹饪相结合

刀工可以为菜肴的烹饪制作做好准备。在制作的过程中，应该根据不同的烹饪方法与菜肴品种对原料施以细致加工，以满足烹饪的需求。比如，炖、焖烹饪法，在操作的过程中所用的火力较小，所用的时间较长，这就要求原料的形状较厚、较大，如果过于薄或者过于小的话，就容易碎烂，或是成糊状；氽、爆烹饪法，在做的过程中所用的火力较大，所用的时间较短，这就要求菜肴成品脆嫩鲜美，原料如果形状过分厚大，就不容易熟透，因此切制的菜品应以薄、小为最佳。总之，只有刀工满足了菜肴的烹饪要求，才能烹饪出色、香、味、形俱佳的菜品。

2. 原料改刀后要整齐、均匀

每一种原料在经过刀工的处理后，不管是块、条、丁、片、丝、粒，或是其他任何形状，都必须呈现整齐、均匀的质感。换句话说，原料的改刀既要长短相等、粗细合理、厚薄均匀，也要块与块、条与条、片与片之间，能够利落地分开。若出现粗细不均、厚薄不匀、大小不一、长短不齐，或是前面切断了、后面还连着，上面切断了、下面还连着的现象，既会影响菜肴的美观，也会因为原料有厚有薄、有粗有细，造成烹饪的过程中薄的、细的先入味，粗的、厚的后入味，或者薄的、细的熟透了，粗的、厚的却还没有熟等情况。从这一点上可以看出，原料形状的整齐度、均匀度，是烹调好菜肴的前提。

3. 配合刀工，合理使用原料

在使用菜品原料时，应掌握用料与分量，并且要量材使用，小材小用，大材大用，贵材珍用，贱材妙用，尽量不浪费原料。在大材需要改成小材时，落刀前要做到心中有数，使材物尽其用。使用原料时，若能仔细斟酌，刀法得当，那么加工出来的成品不仅有质、有料、美观，而且还能节约原料。所以，得当地使用原料是刀工中非常重要的一个要领。

（四）火候

烹饪时的火候一般根据两个方面确定。一是根据原料的质地确定。原料质地较软、嫩、脆的，多用旺火速成；原料质地较硬、老、韧的，多用小火长时间烹饪。二是根据烹饪的技法确定。炒、爆、烹、炸等技法多用旺火速成，烧、炖、煮、焖等技法多用小火长时间烹饪。

三、花卉养护

花卉养护是指日常根据花卉的具体需求，对花卉进行的修剪、浇水、换土、换盆以及防止病虫害和施肥等行为，是针对花卉出现的各种不良症状所采用的应对策略。

（一）花卉养护行为

1. 花卉修剪

仔细检查叶片，出现黄叶残叶、树形不对称、有徒长枝的要及时修剪。叶片枯黄面积超过 1/3 以上的，应整片剪除；枯黄面积不超过 1/3 的，应用剪刀将枯黄部分剪除，且注意保留叶形。

2. 保持卫生

要定期把植物叶片抹干净，叶面不残留泥土和灰尘。要定期清理花盆、套盆内垃圾、杂物、残叶等，清洁花盆、套盆外表泥污，清洁底碟泥垢、积水等。

3. 浇水

要根据花卉所处的位置、花卉的品种和习性，以及季节调整浇水量。靠窗边或太阳光线强烈或空调旁的植物应多浇水，多肉（多桨）、宿根类植物要少浇水。夏秋两季多浇水，冬春两季少浇水。

4. 施肥

应按照不同地点的湿度、光线及植物品种来决定施肥用量。室内观叶植物常用氮磷钾复合肥及成品有机肥。室内花木不应使用有异味的肥料及尿素等高效纯氮肥。

5. 病虫防治

要有防治蚜虫、螨虫、介壳虫、蚊蝇，以及软腐病、黑斑等病虫害的有效措施及方案，将病虫害扑灭于萌芽状态。

知识链接

花卉养护的常见问题

大多数家庭居室内都达不到温室的相对湿度，而原生热带的植物大多数喜欢潮湿的环境，因此这类植物不适宜家庭环境种植。在温室，花卉可以整天接受通过遮阴网的阳光，而不受阳光直射，而在家庭居室中，花卉常常面临光线不足或受阳光曝晒的情况，因此家庭中要注意根据植物的习性和光线的强弱，适当调整植物的位置。许多花卉都喜半阴环境，但冬天阳光太弱，因此可以让花卉充分接受阳光。大部分花卉适宜生长温度为15～20℃。温度过高，花开得快，也容易出问题。

花卉多喜欢中性或偏酸性土壤，如果自来水呈碱性，长期浇水会使土壤变碱，也会影响花卉质量。土壤黏重、不透气，会影响根系的呼吸，甚至会导致烂根。浇水要注意，冬天蒸发量小，浇水不要过勤，水过多容易烂根。浇水前一定要用手接触一下盆土，这样可以掌握土的干湿程度，避免盲目浇水。

（二）常见的花卉养护方法

1. 球根类花卉

水仙、黄水仙、郁金香、风信子等都属于应季花卉，花期很短，一般只有1～2周，在居室内可放在温度较低的地方。温度过高，会使花开得过快，花期缩短。

2. 兰花类花卉

君子兰、大花蕙兰、蝴蝶兰、卡特兰、石斛兰等在自然界中生长在热带的树下，喜湿喜阴，忌阳光直射，在明亮的半阴处生长良好。因此在家庭中应多喷水增加空气湿度，在冬季可以让其接受柔和的阳光，以便其进行光合作用，增加营养。兰花类花卉易受蜗牛和介壳虫的影响，介壳虫可用牙刷刷落。此类花卉虽喜温润却怕积水，浇水过多，会造成根系腐烂。盆土的含水量应以用手可捏成团、轻轻一按即松散的状态为宜。

3. 竹芋类和蕨类植物

竹芋类植物（如孔雀竹芋、紫背竹芋）和蕨类植物（如波士顿蕨），喜半阴、温热、湿度高而排水良好的环境，喜光线明亮，不耐强光直晒。

（三）花卉常见的病虫害

病虫害是花卉栽培中难免的问题。病虫害的防治是花卉栽培获得成功的关键之一。病虫害的防治首先要从加强栽培管理，提高花卉本身的抗病虫害能力入手。要及时发现病虫害并立即采取措施。

1. 花卉常见病害

白粉病：一般发生在梅雨季节，发病初期，叶片上出现白色斑点，之后逐渐布满整个叶片，叶片最终变为灰色。通过改善通风、光照和排水，以及清晨喷洒硫黄粉等综合措施可以防治该病。

溃疡病：发病时，叶片上出现圆形赤褐色斑点，枝条呈淡色，久病后叶落。施肥过多及枝叶徒长，容易引起此病。如发病，可喷洒 0.2% ~ 0.4% 硫酸亚铁溶液或波尔多液。应注意合理施肥，加强通风透气。

炭疽病：发生初期，叶上呈现水渍状绿色小点，后逐渐扩展为褐色圆形病斑。喷射多菌灵溶液，改善通风透光状况，可防治此病。

白绢病：此病发生时，在植株的茎部基部或根部出现白色绢丝状菌丝，叶片自下而上逐渐枯萎，甚至全部枯死。气温过高、空气过潮、土壤渍水，易得此病。应改善温湿状况、控制浇水，隔离病株，可用石灰粉防此病。

猝倒病：发病时，幼苗基部开始出现水渍状斑块，后变为黄褐色，会因为病变部位收缩而突然倒苗，传染迅速。应控制水分，加强通气，焚烧病株和土壤，可撒石灰防护。

2. 花卉常见虫害

蚜虫：个体很小，成群寄生于叶片及新梢上，吸其汁液，并分泌一种毒液，使叶片萎缩，花蕾脱落，乃至植株死亡。可人工捕杀，或喷洒 600 倍乐果溶液，或用烟蒂浸水喷洒。

介壳虫：有很多种，密生在茎叶上吸取养分和汁液，使被害部位枯黄。可用橡皮擦蘸水清除或喷洒 600 倍乐果溶液。

金龟子：幼虫于土中蛀食根部，成虫则咬食叶片，影响花卉生长和美观。可用 800 倍敌百虫溶液喷杀。冬季应深耕土壤，使幼虫冻死，并清除杂草。

地蚕：白天潜伏于土中，夜间出来，食花卉根部或幼嫩的茎干，使植株枯亡。可用糖醋液诱导捕杀。

其他还有菊虎、尺蠖、青虫、毛虫等害虫，防治方法与上述相似，一般使用敌百虫、敌敌畏、乐果溶液，稀释 600 ~ 2000 倍后使用，选择晴天傍晚喷药较好。也可以用“以虫治虫”的办法防治某些害虫，如七星瓢虫、异色瓢虫均可捕食蚜虫及介壳虫。

四、维护维修

“工欲善其事，必先利其器”，如果要成为家居维修高手，必要的工具不可少。下面介绍一些家庭必备的实用工具，使用时要按照规范操作，注意操作安全。

（一）电锤

电锤是一种应用广泛的电动工具。电锤是电钻中的一类，主要用来在混凝土、楼板、砖墙和石材上钻孔。一些多功能电锤，调节到适当位置并配上适当钻头，可以代替普通电钻、电镐使用。

使用电锤的注意事项：①操作者要戴好防护眼镜，以保护眼睛，当面部朝上作业时，要戴上防护面罩；②长期作业时要塞好耳塞，以减轻噪声的影响；③长期作业后钻头处于灼热状态，在更换时应注意避免灼伤肌肤；④作业时应使用侧柄，双手操作，防止堵转时反作用力扭伤手臂；⑤站在梯子上作业或高处作业应做好高处坠落措施，梯子应有地面人员扶持。

（二）充电钻

充电钻是一款自身携带有锂离子电池或者镍铬电池，且可以反复充电的电钻。充电钻可用于螺钉的旋入和旋出操作，也可用于各种金属、木材的钻孔。充电钻按使用充电电池块的电压大小分类，有 7.2 伏、9.6 伏、12 伏、14.4 伏、18 伏等系列。

操作充电钻的人员除了要遵守电动工具通用规则，还应遵守以下补充的安全规定：①使用前应对电动工具进行充电；②应在 10 ~ 40℃条件下进行充电，温度低于 10℃的话，可能会导致过度充电，极其危险；③勿让杂质进入充电器的连接孔内；④勿拆卸充电式电池与充电器；⑤勿使充电式电池短路，充电式电池短路时会产生很大的电流，从而过热并烧坏充电式电池；⑥勿将充电式电池丢入水中，否则充电式电池可能会爆炸；⑦在墙壁、地板或天花板上钻孔时，检查这些地方是否埋入电线等；⑧勿将物体插入充电器的通风孔，将金属物体或易燃易爆物体插入充电器的通风口的话，会引起触电事故或损坏充电器；⑨勿使用发电机或直流电源装置对充电式电池进行充电；⑩勿使用未经指定的电池，勿将未经指定的普通干电池、充电式电池或汽车蓄电池连接于本工具上；⑪充电时充电器和充电式电池会稍微发热，因此必须在温度低、通风好的室内阴凉处进行充电；⑫使用指定的充电器，勿使用未经指定的充电器，以免发生危险；⑬务必在所规定的电压条件下使用充电器。

（三）万用表

万用表又叫三用表、多用表、复用表，是一种多功能、多量程的测量仪表，响应速度较快，内阻较小，但测量精度较低。一般万用表可测量直流电流、直流电压、交流电压、电阻和音频电平等，有的还可以测交流电流、电容量、电感量及半导体的一些参数。它由指针、刻度盘、功能旋钮、表头校正钮、零欧姆调整钮、表笔连接端、表笔等构成。

万用表的操作规范：①使用前应熟悉万用表各项功能，根据被测量的对象，正确选用挡位、量程及表笔插孔；②在被测数据大小不明时，应先将量程开关置于最大值，而后由大量程往小量程挡拉处切换，使仪表指针指示在满刻度的1/2以上处即可；③测量电阻时，在选择了适当倍率挡后，将两表笔相碰使指针指在零位，如指针偏离零位，应调节“调零”旋钮，使指针归零，以保证测量结果准确，如不能调零或数显表发出低电压报警，应及时检查；④在测量某电路电阻时，必须切断被测电路的电源，不得带电测量。

使用万用表的注意事项：①在使用万用表之前，应先进行“机械调零”，即在没有被测电量时，使万用表指针指在零电压或零电流的位置上；②在使用万用表过程中，不能用手去接触表笔的金属部分，这样一方面可以保证测量的准确，另一方面也可以保证人身安全；③在测量某一电量时，不能在测量的同时换挡，尤其是在测量高电压或大电流时，更应注意，否则，会使万用表毁坏，如需换挡，应先断开表笔，换挡后再去测量；④万用表在使用时，必须水平放置，以免造成误差，同时，还要注意避免外界磁场对万用表的影响；⑤万用表使用完毕，应将转换开关置于交流电压的最大挡，如果长期不使用，还应将万用表内部的电池取出来，以免电池腐蚀表内其他器件。

（四）试电笔

试电笔也叫测电笔，简称“电笔”，是一种电工工具，用来测试电线中是否带电。笔体中有一氖泡，测试时如果氖泡发光，说明导线有电或为通路的火线。试电笔中笔尖、笔尾为金属材料制成，笔杆为绝缘材料制成。

使用试电笔的注意事项：①使用试电笔之前，首先要检查试电笔里有无安全电阻，再直观检查试电笔是否有损坏，以及有无受潮或进水，检查合格后才能使用；②使用试电笔时，不能用手触及试电笔前端的金属探头，否则会造成人身触电事故；③使用试电笔时，一定要用手触及试电笔尾端的金属部分，否则，会因带电体、试电笔、人体和大地没有形成回路，试电笔中的氖泡不发光，造成误判，认为带电体不带电，这是十分危险的；④在测量电气设备是否带电之前，先要找一个已知电源测一测试电笔的氖泡能否正常发光，能正常发光，才能使用；⑤在明亮的光线下测试带电体时，应特别注意氖泡是否真的发光（或不发光），必要时可用另一只手遮挡光线仔细判别。

（五）螺丝刀

1. 一字螺丝刀

一字螺丝刀主要用来旋转一字槽形的螺钉。它有多种规格，通常说的大、小螺丝刀是用手柄以外的刀体长度来衡量的，常用的有 100 毫米、150 毫米、200 毫米、300 毫米和 400 毫米等几种。要根据螺钉的大小选择不同规格的螺丝刀。若用型号较小的螺丝刀来拧大号的螺钉，很容易损坏螺丝刀。

2. 十字螺丝刀

十字螺丝刀主要用来旋转十字槽形的螺钉。使用十字螺丝刀时，应注意使旋杆端部与螺钉槽相吻合，否则容易损坏螺钉的十字槽。十字螺丝刀的规格和一字螺丝刀差不多。

3. 多用途螺丝刀

多用途螺丝刀是一种多用途的组合工具，手柄和头部是可以随意拆卸的。它采用塑料手柄，一般都带有试电笔的功能。

（六）扳手

1. 丝锥扳手和丝锥

丝锥扳手有两种丝锥，一个是“精锥”，另一个是“粗锥”，就是两支套。使用时，先用粗锥攻下，然后再使用精锥，这样的设计是为了提高丝锥的使用寿命，丝锥是用来攻丝的。制作内螺纹叫攻丝，它的工具叫丝攻；制作外螺纹叫套丝，工具是板牙。

2. 套筒扳手

套筒扳手，是上紧或卸松螺钉的一种专用工具。它一般由数个内六棱形的套筒和一个或几个上套筒的手柄构成，套筒的内六棱根据螺栓的型号依次排列，可以根据需要选用。

3. 内六角扳手

内六角扳手是成 L 形的六角棒状扳手，专用于拧转内六角螺钉，有英制和公制两种类型，需要换算尺寸。

4. 梅花扳手

梅花扳手用于装拆大型六角螺钉或螺母，封闭式而不开口，可用于防爆。

5. 开口扳手

开口扳手可分为呆扳手和活扳手两种，是机械行业加工、生产、维修的重要工具。呆扳手一端或两端有固定的开口，可适用于固定规格的螺栓或螺母。活扳手的开口尺寸可在一定范围内调节，可适用于多种规格的螺栓或螺母。

五、勤工助学

（一）勤工助学的内涵

勤工助学（或勤工俭学），指学生在学校的组织下利用课余时间，通过劳动取得合法报酬，用于改善学习和生活条件的实践活动，是学校学生资助工作的重要组成部分，也是提高学生综合素质和资助家庭经济困难学生的有效途径。

（二）勤工助学的原则

勤工助学活动必须坚持“立足校园、服务社会”的宗旨，按照学有余力、自愿申请、信息公开、扶困优先、竞争上岗、遵纪守法的原则，由学校在不影响正常教学秩序和学生正常学习的前提下有组织地开展。勤工助学活动由学校统一组织和管理。任何单位或个人未经学校学生资助管理机构同意，不得聘用在校学生打工。

（三）勤工助学的组织管理

学校学生资助工作领导小组全面领导勤工助学工作，负责协调学校的财务、人事、学工、教务、科研、后勤、团委等部门，配合学生资助管理机构开展相关工作。学校学生资助管理机构下设专门的学生勤工助学管理服务组织，具体负责勤工助学的日常管理工作。校外勤工助学活动必须由学校学生勤工助学管理服务组织统一管理，并注重与学生学业的有机结合。校外用人单位聘用学生勤工助学，须向学校学生勤工助学管理服务组织提出申请，提供法人资格证书副本和相关的证明文件。经审核同意，学校学生勤工助学管理服务组织推荐符合用人单位要求的学生参加勤工助学活动。

（四）勤工助学的法律责任划分

如果学生在校内开展勤工助学活动，学生勤工助学管理服务组织必须与学生签订具有法律效力的协议书。如果学生在校外开展勤工助学活动，学生勤工助学管理服务组织必须经学校授权，代表学校与用人单位和学生三方签订具有法律效力的协议书。签订协议书并办理相关聘用手续后，学生方可开展勤工助学活动。 协议书必须明确学校、用人单位和学生等各方的权利和义务，以及开展勤工助学活动的学生如发生意外伤害事故的处理办法以及争议解决方法。在勤工助学活动中，若出现纠纷或学生意外伤害事故，协议各方应按照签订的协议协商解决。如不能达成一致意见，按照有关法律法规规定的程序办理。

活动 1

花卉养护：养护花草净家园

活动描述

在家中，要从点滴处培养劳动意识，在经常性的家务中养成劳动的好习惯，掌握必要的家务劳动技能。还要学会处理在日常生活中自己的劳动和他人劳动的关系。如何对待他人，关键的一点是如何对待别人的劳动，以及怎样用自己的劳动来服务他人。

开展花卉养护实践活动，提高审美能力和动手美化生活的能力。

活动目标

1. 能够正确使用劳动工具。
2. 体会劳动带来的幸福感。

活动流程

活动准备

查阅资料，了解不同花卉的习性，了解自己家中或朋友家中自己感兴趣的花草的相关知识，掌握养护花草的方法和技巧，提高装扮美化生活的能力。根据自己的房间布局和自己的个人喜好，选择想要养护的花卉。

花卉养护

根据选择的花卉的习性采取适当的养护方法，要注意给予其适当的光照、水分、营养等，注意修剪枝叶。

撰写观察日记

在花卉养护期间撰写观察日记，记录花卉的成长点滴。

观察日记

活动评价

活动内容	标准	分值	活动评价		
			自评	互评	师评
活动准备	准备充分，掌握养护知识与技巧	20			
花卉养护	花卉健康成长	40			
撰写观察日记	认真记录，有所收获	40			
合计		100			

活动 2 实习日记：勤工助学分外忙

活动描述

勤工助学是学校学生资助工作的重要组成部分，是提高学生综合素质和资助家庭经济困难学生的有效途径。勤工助学岗位分固定和临时两种，面向全校学生（优先考虑经济困难学生）；由学生本人申请，用工单位根据岗位的需求情况择优录用。

进行勤工助学实践，通过劳动获取合法报酬，用于改善学习和生活条件。

活动目标

1. 体会劳动创造价值的含义。
2. 提高劳动自立自强的意识和能力。

活动流程

争取勤工助学岗位

学校一般通过以下几种方式为学生提供勤工助学岗位：

①校内各系部、图书馆等设置助理岗位；

②成立校企合作基地，把工厂的生产车间、企业的办公环境延伸到学校；

③设置勤工助学服务中心，开发校外勤工助学资源，进行校外相关岗位信息的收集、鉴定和发布。

通过学校提供的正规途径，争取勤工助学岗位，要注意提高警惕性，校外勤工助学尤其要注意保护自己的人身安全和财产安全。

勤工助学实践

实践期间要按时到岗，服从安排，注意遵守劳动规范，注意劳动安全。如遇问题，要第一时间与辅导员或任课教师沟通，积极寻求帮助。

撰写实习日记

勤工助学实践期间要每天撰写实习日记，以此记录自己的成长变化。

实习日记

活动评价

活动内容	标准	分值	活动评价		
			自评	互评	师评
争取勤工助学岗位	顺利争取到岗位，保护好自己的人身安全和财产安全	20			
勤工助学实践	按规范和要求完成实践	60			
撰写实习日记	认真记录，有所收获	20			
合计		100			

任务二

实习实训莫慌张

任务导言

实习实训是了解社会、认识国情、增长才干、奉献社会、锻炼毅力、培养品格的重要方式。实习实训是积累社会经验的重要途径，能够提高自己的沟通能力、适应能力及解决问题的能力等。应充分把握在校期间的实习实训机会，大胆尝试，广泛地接触社会，积累实践经验，以增强自己未来求职的竞争力，将体力劳动与脑力劳动高效融合，实现“以劳树德，以劳增智，以劳强体，以劳育美，以劳创新”。

目标导航

知识目标

1. 了解实训室 8S 管理的相关知识。

2. 了解岗位实习的相关知识。

能力目标

1. 能根据所学做出符合自身情况的岗位实习计划。

2. 能顺利完成岗位实习。

素质目标

1. 能以积极的姿态面对实习实训活动。

2. 参与真实的生产劳动，增强职业认同感和劳动自豪感。

劳动语录

耳闻之不如目见之，目见之不如足践之，足践之不如手辨之。

——刘向

案例导入

一位“00后”女殡仪师

在人们的传统印象里，殡葬行业总带有一层“灰色滤镜”。殡仪师是离逝者家属最近的人，一到殡仪馆，他们就能提供“一站式”接待，从办理遗体冷藏，到选择殡仪服务、火化、告别。在东郊殡仪馆实习加工作将近两年，对于帮助逝者走好这段最后的旅程，汪余莹驾轻就熟。在业务厅内，她着一身笔挺的黑色制服，亮黑的长发在脑后挽成一个圆圆的发髻，脸上化了精致的妆容，浑身上下写满了“利索”俩字。她希望每天都能用最好的精神面貌接待家属。

相比眼前的这份从容，两年前的夏天，她刚刚踏入东郊殡仪馆顶岗实习，那时，汪余莹还是个稚气未脱的学生。死亡随时都会发生，殡仪馆每晚都有人值班，接待随时前来办理遗体储存业务的家属。当时，她最害怕、最抗拒的就是值夜班。被送来的遗体，并不都是刚刚过世的尸体，甚至有的因各种原因是不完整的。每次办理业务时，得打开存尸袋跟家属确认。“很害怕，那会儿我不敢看，而且地下室又特别冷，我不敢一个人去办业务，必须得有我师父陪着。”

现在，对于告别这件事，汪余莹的内心仍有些“矛盾”。“干这一行天天面对生离死别，很多事情你已经看开了，其实现代人应该树立起‘薄葬厚养’的观念。”她的语气中，透露出不同于“00后”身份的成熟。

（资料来源：《北京青年报》，2022年4月5日04版，有删改）

一批“00后”选择投身殡葬行业，在殡仪馆里，他们是人生最后一站的摆渡人；换下制服，他们是“斜杠青年”——喜欢抽盲盒，爱上舞蹈课，喜欢刷短视频……见多了死亡，他们更想谈论“生”的意义，要及时表达、及时爱。谈谈通过汪余莹的经历，你对岗位实习有了哪些新的认识。

开卷有益

一、实训室 8S 管理

8S 管理，即整理（SEIRI）、整顿（SEITON）、清扫（SEISO）、清洁（SEIKETSU）、素养（SHITSUKE）、安全（SAFETY）、节约（SAVE）、学习（STUDY）。实训室劳动卫生的要求是在安全的前提下做好每一个环节，8S 是一个有机整体，需要每个人在做好每一项整理、整顿、清扫、清洁工作的基础上进行安全生产、学习，做到事前事后清洁如新，节约资源与时间，提升职业素养。

8S 模式是现场生产过程中，对人员、机器、材料、方法等内容的有效管理，并逐渐形成一种较强的纪律文化，从而实现工作管理的最终价值。8S 管理实施的内涵、基本要求与实施要点见表 3-1。

表 3-1 8S 管理实施的内涵、基本要求与实施要点

8S 管理的内涵		基本要求	实施要点
整理	对与实验无关的东西进行清理，腾出空间，灵活使用，防止误用，打造宽敞的工作场所	将工作场所的所有物品划分为有必要和没有必要的。留下有必要的物品，移走不必要的物品	划分区域并做好标识
			教学工具、材料设备、清扫用具、消防用具等必需品整齐
			非必需品清除干净
整顿	使实验室的设备、物品一目了然，形成一个整齐规范的实验室环境	整理后实验室的设备和物品按照功能分类进行定点存放。突出仪器设备、物品存放的安全性，提高空间利用率	摆放“三定”：定点、定容（包装）和定量
			标识“三明”：名称明确、型号明确、性能状态明确
清扫	保持实验室环境的稳定性，巩固整理、整顿的成果，减少安全隐患	将工作场所内看得见与看不见的地方清扫干净，及时、有效清理实验室内的脏污，防止污染现象的发生，为实验室营造干净、整洁的环境	基本清扫：墙壁、门窗、座椅干净；无垃圾
			实训设备干净整洁，按要求摆放

续表

8S 管理的内涵		基本要求	实施要点
清洁	创造清爽明朗的现场环境，维持上面3个S的成果	将实验室的整理、整顿、清扫工作进行到底，并且制度化、规范化，经常保持清扫后的状态	实验室物品摆放整齐规范、清清楚楚；实验室环境干净、卫生，清爽明朗
			实验室人员要做到物品账目清、仪器设备状态清、管理规章制度清
素养	增强对素养的认识，培养遵规守纪、按章办事的良好习惯和一丝不苟的工作作风，营造认真和谐的气氛	实验室成员养成良好习惯，养成遵守规章制度的自觉性和团结向上的品质	成员遵守规则做事、培养积极主动的精神，营造良好的氛围
安全	保障实验室人员的人身安全和教学科研的正常进行，防止各类事故发生，减少经济损失	消除安全隐患，营造安全的工作环境，保证生命和财产的安全	消除人的不安全行为
			消除物的不安全状态，如器材损伤、物品过期老化等
节约	养成降低成本的意识，减少浪费	减少人力、成本、空间、时间、库存、物料等消耗	用以校为家的心态对待学校的实训资源
			能用的东西尽可能利用
			切勿随意丢弃物品，丢弃前要思考其剩余的使用价值
			减少动作浪费，提高作业效率
			加强时间管理意识
学习	通过对学习状况的分析，强化专业技术知识的学习，使知识技能得到持续提升	从实践和书本中获取知识，深入学习各项专业技术知识，并不断向同学及教师学习	学习各种新的技能技巧，不断满足个人学习发展的要求
			提高知识面与技术面的薄弱之处，提升整体竞争力与应变能力

二、岗位实习

岗位实习是指具备一定实践岗位工作能力的学生，在专业人员指导下，辅助或相对独立参与实际工作的活动。建在校内或园区的生产性实训基地、厂中校、校中厂、虚拟仿真实训基地等，依照法律规定成立或登记取得法人、非法人组织资格的，可作为学生实习单位，按《职业学校学生实习管理规定》进行管理。

（一）跟岗实习

1. 跟岗实习的含义

跟岗实习是指不具有独立操作能力、不能完全适应实习岗位要求的学生，由学校组织到实习单位的相应岗位，在专业人员指导下部分参与实际辅助工作的活动。

2. 跟岗实习的目标

跟岗实习的目标：①深入了解和熟悉专业岗位，为毕业后胜任专业工作打好基础；②进一步消化、深化已学过的专业相关理论和知识；③培养市场敏感性以及从市场中发现问题和解决问题的能力；④在实践中培养专业精神和脚踏实地的工作作风。

（二）顶岗实习

1. 顶岗实习的含义

顶岗实习，是指在基本上完成教学实习和学过大部分基础技术课之后，到专业对口的现场直接参与生产过程，综合运用本专业所学的知识和技能，以完成一定的生产任务，并进一步获得感性认识，掌握操作技能，学习企业管理模式，养成正确劳动态度的一种实践性教学形式。

2. 顶岗实习的要求

实习期间，学生必须严格遵守实习场地的规章制度，坚决杜绝一切可能危及安全的事件发生。

实习期间，学生必须每天按时参加实习，不准无故缺勤、迟到、早退。在实习期间严重违反规章制度的学生，将暂停或取消实习资格。

实习期间，学生必须整理当天的实习笔记、心得、体会，进而积累更多的实践经验，为今后的学习与工作做好充分准备。

实习期间及实习结束后，还应注意做好实习总结，撰写实习报告。

3. 顶岗实习的现实意义

（1）促进学生转变观念

顶岗实习有助于让学生从学校生活、学习中切换到社会生活中去。学生要想适应社会，首先要在思想观念上适应社会，了解社会对劳动者的个人能力和职业素养有何要求，从而做到缺什么补什么。

（2）增强岗位意识

学生毕业后从学校走向社会，大多是从事一线工作的，有生产性的、质量性的、采购性的、营销性的、维修性的等，基本都要从基层做起。每一个岗位都有其独特的作用。干一行，爱一行，专一行，是一种岗位责任，也是一种职业品质，且是用人单位非常注重的品质。要增强岗位责任，就必须顶岗深入到生产一线进行脚踏实地的工作，只有这样，才能磨炼和增强岗位责任感，提高实际操作能力，缩小与企业实际需要的差距。顶岗实习能使学生加深对职业岗位工作的认识，逐步明确自身的发展定位，克服对前途的迷茫感和盲目高攀的不现实思想，客观地确定人生的发展道路。

（3）增加社会经验

增加社会经验，也是增加工作经验。顶岗实习不仅仅是一种劳动锻炼，更重要的是能够使学生通过实践增强工作能力，增加工作中的沟通和适应能力，使学生逐步了解和熟悉社会，在社会实践中学会做事、学会做人，为走上社会、顺利实现就业做好充分的思想和心理准备，打下良好的基础。有了适当的顶岗实习并能顺利拿到一份顶岗实习合格证，这对学生今后走向社会应聘岗位，无疑是非常有益的。

（三）实习组织

学校安排岗位实习，应当取得学生及其法定监护人（或家长）签字的知情同意书。对学生及其法定监护人（或家长）明确不同意学校实习安排的，学生可自行选择符合条件的实习单位。

学生自行选择符合条件的岗位实习单位，应由本人及其法定监护人（或家长）申请，经学校审核同意后实施。实习单位应当安排专门人员指导学生实习，学校要安排实习指导教师跟踪了解学生日常实习的情况。

实习单位应当合理确定岗位实习学生占在岗人数的比例。岗位实习学生的人数一般不超过实习单位在岗职工总数的10%，在具体岗位实习的学生人数一般不高于同类岗位在岗职工总人数的 20%。

任何单位或部门不得干预学校正常安排和实施实习方案，不得强制学校安排学生到指定单位实习，严禁以营利为目的的违规组织实习。

学生在实习单位的岗位实习时间由学校根据人才培养方案安排，应基本覆盖专业所对应岗位（群）的典型工作任务，不得仅安排学生从事简单重复劳动。

（四）实习管理

学生参加岗位实习前，学校、实习单位、学生三方必须以有关部门发布的实习协议示范文本为基础签订实习协议，并依法严格履行协议中有关条款。未按规定签订实习协议的，不得安排学生实习。

实习协议应当明确各方的责任、权利和义务，协议约定的内容不得违反相关法律法规。实习协议应当包括但不限于以下内容：①各方基本信息；②实习的时间、地点、内容、要求与条件保障；③实习期间的食宿、工作时间和休息休假安排；④实习报酬及支付方式；⑤实习期间的劳动保护和劳动安全保障；⑥责任保险与伤亡事故处理办法；⑦实习考核方式；⑧各方违约责任；⑨三方认为应当明确约定的其他事项。

签订顶岗实习协议前，对于顶岗实习协议中的条款一定要问清弄懂，如果发现有含糊不清的条款或对自己不利的条款，一定要及时指出并要求修改，避免签订“不全协议”“模糊协议”等。此外，学生自行选择顶岗实习单位的，事先与实习单位商议的协议内容，一定要写入顶岗实习协议，切不可只达成“口头协议”。

学校和实习单位要依法保障实习学生的基本权利，并不得有以下情形：①安排、接收一年级在校学生进行岗位实习；②安排、接收未满 16 周岁的学生进行岗位实习；③安排未成年学生从事《未成年工特殊保护规定》中禁忌从事的劳动；④安排实习的女学生从事《女职工劳动保护特别规定》中禁忌从事的劳动；⑤安排学生到酒吧、夜总会、歌厅、洗浴中心、电子游戏厅、网吧等营业性娱乐场所实习；⑥通过中介机构或有偿代理组织，安排和管理学生实习工作；⑦安排学生从事三级强度及以上体力劳动或其他有害身心健康的实习。

除相关专业和实习岗位有特殊要求，并事先报上级主管部门备案的实习安排外，实习单位应遵守国家关于工作时间和休息休假的规定，并不得安排学生从事高空、井下、放射性、有毒、易燃易爆，以及其他具有较高安全风险的实习，不得安排学生在休息日、法定节假日实习，不得安排学生加班和上夜班。

接收学生岗位实习的实习单位，应当参考本单位相同岗位的报酬标准和岗位实习学生的工作量、工作强度、工作时间等因素，给予适当的实习报酬。在实习岗位相对独立参与实际工作、初步具备实践岗位独立工作能力的学生，其报酬原则上应不低于本单位相同岗位工资标准的 80% 或最低档工资标准，并且实习单位应按照实习协议约定，以货币形式及时、足额、直接支付给学生，原则上支付周期不得超过 1 个月，不得以物品或代金券等代替货币支付或经过第三方转发。

学校和实习单位不得向学生收取实习押金、培训费、实习报酬提成、管理费、实习材料费、就业服务费或者其他形式的实习费用，不得扣押学生的学生证、居民身份证或其他证件，不得要求学生提供担保或者以其他名义收取学生财物。

实习学生应当遵守学校的实习要求和实习单位的规章制度、实习纪律及实习协议，爱护实习单位设施设备，完成规定的实习任务，撰写实习日志，并在实习结束时提交实习报告。

（五）实习考核

学校要会同实习单位，完善过程性考核与结果性考核有机结合的实习考核制度，根据实习目标、学生实习岗位职责要求，制订具体的考核方式和标准。学生实习考核要纳入学业评价，考核成绩作为毕业的重要依据。不得简单套用实习单位考勤制度，不得对学生简单套用员工标准进行考核。

（六）谨防实习陷阱

1. 传销陷阱

目前，不少传销组织打着“连锁销售”“特许经营”“直销”等幌子，或以“国家搞试点”“响应西部大开发号召”等名义诱骗学生参与传销活动。在形式上，传销组织也由此前的发展“下线”改为“网上营销”方式，打着“电子商务”“网络直销”等旗号利用互联网进行传销，其违法活动更加隐蔽，传播范围也更为广泛。

2. 培训陷阱

一些骗子公司通常会和一些培训机构联手，招聘时以“先培训，拿证后上岗”为由骗取求职者培训费、考试费、证书费等各种费用。实际情况往往是，经过一段时间的培训、参加完考试后，公司便不知去向，或被告知“很遗憾，考试未通过，不能上岗”。

知识链接

避免陷入“传销陷阱”的注意事项

①在找实习单位时，注意看对方是否有正规执业牌照。

②面试时，对公司的营业运作模式进行判断，看是否存在虚假状况。如果企业在面试过程中表现出对你的交友、家庭情况等比对职业技能、实习经历更感兴趣的态度，就要有所警惕。

③一旦对方要求缴纳一笔入门费或者要求发展其他成员加入从而获得报酬的，就要警惕其是否为传销组织。

④很多传销都是通过亲朋好友或同学进行的。如果有长期没有联系的亲友、同学突然联系你，邀请你去异地找工作，或者有其他异常行为，要提高警惕。

⑤面试时若感觉有异常，不要慌张，可以用上厕所、学校有事等借口先行离开，以保证自身安全。

遇到需要培训上岗的公司时，要先了解培训机构是否正规，在网上查看之前参加培训的学员的评价，评估培训的质量，再决定是否参加培训。

3.“押金”陷阱

一些用人单位声称为了方便管理，向应聘者收取一定数额的押金或保证金，并承诺工作结束后退还，然而工作结束时学生只能领到工资，保证金却不见了踪影。更有甚者，在学生交过钱后说职位暂时已满，或者说暂时没有工作可做，要学生回去等消息，接下来便再也没有消息了。

国家相关部门规定，用人单位不得以任何名义向应聘者收取报名费、考试费等。员工的培训费用，应当从企业成本中支出。很多学生求职时不了解相关规定，又求职心切，往往会落入陷阱。

4.“黑中介”陷阱

一些黑中介，抓住学生缺少社会经验且找工作心切的心理，收取高额中介费后，却不履行承诺，不及时为学生找到合适的工作。黑中介的套路往往是不停地拖延，让学生耐心等待，最后不了了之。更有一些中介“打一枪，换一个地方”，骗取一定中介费后，就消失得无影无踪。找假期兼职或实习工作时，学生最好咨询学校的劳动就业服务中心，或者请学校负责联系用人单位。如果必须自己寻找，也要找正规的单位，或找正规的中介机构帮忙联系。

三、世界青年技能日

无论是对发达国家还是发展中国家而言，上升的青年失业率都是当今经济和社会发展面临的最重大问题之一。2014 年 12 月，联合国大会将每年的 7 月 15 日确定为“世界青年技能日”，旨在促进青年职业技能发展，为全球经济社会发展做出更大贡献。

四、职业技能竞赛

（一）全国职工职业技能大赛

关于劳动的竞赛活动，影响最大的是全国职工职业技能大赛，这是国家一类技能比赛当中规模最大的比赛，由中华全国总工会、科学技术部、人力资源和社会保障部、工业和信息化部共同举办。中华全国总工会将授予各工种决赛前 3 名选手“全国五一劳动奖章”。人力资源和社会保障部将授予前 5 名选手“全国技术能手”称号，并直接晋升技师职业资格，已具有技师职业资格的，可晋升高级技师职业资格；第 6～20 名选手，可直接晋升高级工职业资格，已具有高级工职业资格的，可晋升技师职业资格。决赛前 20 名选手将获得不同数额的奖金。

（二）全国职业院校技能大赛

全国职业院校技能大赛，是由教育部发起并牵头，联合国务院其他有关部门以及有关行业、人民团体、学术团体和地方共同举办的一项公益性、全国性职业院校师生综合技能竞赛活动。每年举办一届，分中职学生组、高职学生组、教师组分别比赛。这是专业覆盖面最广、参赛选手最多、社会影响最大、联合主办部门最全的国家级职业院校技能赛事。

（三）全国技能大赛

第一届全国技能大赛面向所有技能人才，凡 16 周岁以上、法定退休年龄以内的中国大陆公民都可参赛，比赛分世赛选拔项目和国赛精选项目，按属地原则报名参赛，由人力资源和社会保障部举办，第一届全国技能大赛于 2020 年 12 月 10 日至 13 日在广东省广州市举行。全国技能大赛对接世界技能大赛，为获奖选手颁发奖牌，并给予重金奖励，引领各地、各行业不断提升技能竞赛工作规模和质量，打造新时代全国性综合职业技能竞赛新品牌。

（四）世界技能大赛

世界技能大赛是迄今全球地位最高、规模最大、影响力最大的职业技能竞赛，被誉为“世界技能奥林匹克”，其竞技水平代表了职业技能发展的世界先进水平，是世界技能组织成员展示和交流职业技能的重要平台。世界技能大赛由世界技能组织举办，每两年一届。

活动 1

参观企业：走进企业感受劳动氛围

活动描述

劳动是获取真知的实践起点，热爱劳动是中华民族的优秀传统美德。

参观走访企业生产劳动现场，感受工作氛围，体验劳动成就，认知劳动的专业性与文化传承；通过座谈会解决参观过程中产生的疑问，认识社会，强化责任意识。

活动目标

1. 增强职业认同感和劳动自豪感。

2. 对社会中的劳动有更进一步的认识。

活动流程

参观准备

提前查找预约参观的企业及其所在行业的相关资料，或者听取企业情况介绍，了解基本情况，以便后期能够带着问题进行参观。

参观的注意事项如下：

①按规定时间到达指定地点，由负责人清点人数；

②按规定路线进行参观，不能擅自到不允许参观的地方去；

③触摸零件、产品等或对工作环境拍照，需要事先征得企业负责人同意；

④如果需要临时接打电话或遇到突发状况，要告知随行人员后再进行处理，并随时保持联系。

参观企业

认真聆听引导人员讲解，了解企业文化、企业特色、企业需求和用人标准，通过参观的企业个例对行业形成简单的认识，了解行业从业人员标准和要求，增强对就业的认识和思考。

可以由学校或者班级负责人事先与企业负责人进行沟通，如果企业允许，最好可以近距离观看员工工作场景或真正动手体验，进行生产实践。

座谈交流

事先与企业负责人进行沟通，提前安排好座谈会参会人员、参会时间，并提前准备想要在座谈会上访谈的问题。

企业参观完毕后开展座谈会，与企业负责人、企业职工进行深入交流，了解企业发展状况、企业职工的工作情况等，根据事先准备好的问题以及参观过程中产生的疑问进行提问，与座谈人员交流分享参观活动的感受。

总结反思

活动结束后拍照留念，集体返程，返校后进行总结分享。

活动评价

活动内容	标准	分值	活动评价		
			自评	互评	师评
参观准备	做好充分的资料收集工作	20			
参观企业	守时守纪，有序参观	30			
座谈交流	充分交流，逻辑清晰	40			
总结反思	积极发言，认识深刻	10			
合计		100			

活动 2

岗位实习：增长见识挖潜力

活动描述

岗位实习是大学生进入社会前理论与实际结合的最好的锻炼机会，也是大学生由学生角色过渡到从业者的重要阶段，更是大学生培养自身能力的磨刀石。作为一名还未毕业的大学生，能否在实习过程中掌握好实习内容，培养好工作能力，显得尤为重要。

活动目标

1. 通过真实的生产劳动，培养爱岗敬业的工作态度和追求卓越的工匠精神。

2. 提高在生产实践中发现问题和创造性解决问题的能力。

活动流程

实习准备

实习前必须参加岗位培训，明确实习任务，接受必要的安全教育。

岗位实习

进行岗位实习时要注意以下事项：

①不准携带任何与实习无关的物品进入工作环境，不准在办公区域抽烟、吃零食、随地吐痰以及大声喧哗，严禁在工作环境打闹；

②必须服从实习指导教师的管理，严格按照工种及岗位要求使用指定的设备、工具和材料进行实习，不许在工区之间或工位之间来回串岗，严禁乱拿材料或乱动其他设备；

③严格按照安全操作规程操作，对于不了解具体如何操作的，必须向指导教师请教并经允许后，再进行操作；

④如操作过程中出现意外情况，应做好应急处理，保护好现场，并及时报告指导教师；

⑤要爱护实习设备及工作服装，妥善保管使用的工具，珍惜实习材料，节约水电。

撰写岗位实习报告

实习完成后，撰写岗位实习报告，不少于 2500 字。

岗位实习报告

活动评价

活动内容	标准	分值	活动评价		
			自评	互评	师评
岗位实习	遵守规范，安全生产	70			
撰写实习报告	逻辑清晰，内容全面且精炼	30			
合计		100			

任务三

志愿服务旗帜扬

任务导言

有这样一群人，因“志”而行，不为任何薪酬参与社会服务，用点滴行动向社会传递着正能量；有这样一群人，因“愿”而动，不求任何回报用心帮助他人，用凡人善举为社会汇聚爱的光芒。他们的名字叫作“志愿者”。赠人玫瑰，手有余香。参与志愿服务既是“助人”，亦是“自助”，既能“乐人”，也能“乐己”，既是在帮助他人、服务群众、奉献社会，也是在传递爱心、宣扬文化、传播文明，对促进社会的进步与稳定具有重大意义。

目标导航

知识目标

1. 了解志愿服务的内涵和特征，掌握志愿服务的类型。

2. 了解成为注册志愿者的基本条件，熟悉志愿者的权利与义务。

能力目标

1. 做好成为志愿者的自我认知。

2. 为参与志愿服务做好知识、能力等各方面的准备。

素质目标

1. 在日常生活中自觉践行“奉献、友爱、互助、进步”的志愿者精神。

2. 积极投身志愿服务，为社会贡献自己的力量。

劳动语录

道德是做人的根本。根本一坏，纵使你有一些学问和本领，也无甚用处。

——陶行知

案例导入

志愿者周彦伶："支教助学是件让我快乐的事"

2019 年的夏天，周彦伶报名加入西部计划，成为学校第 21 届研究生支教团广西壮族自治区队队长，奔赴广西壮族自治区百色市平果市开展为期一年的支教服务。出发前，志愿者们对西部有诸多想象。但当抵达了目的地，大家的情绪都有些失落，"学校的硬件环境比想象的好很多，他们是不是没有那么需要我们的帮助？"不过，当周彦伶和志愿者小伙伴们深入了解情况后才发现，这里需要帮助的孩子太多了。对患有自闭症的孩子，周彦伶给予了很大的关注，让他们感受到爱和温暖。

周彦伶所支教的小学有不少学生因疾病、隔代养育、亲属寄养、单亲丧亲等问题陷入困境。2020 年，周彦伶联合母校校友发起了"含弘班"助学计划，在"广西青空间"易地扶贫搬迁点青少年综合服务平台开设"含弘课堂"，将有学习困难、生活困难等实际问题的学生纳入班级统一集中帮扶，通过定期给予成长陪伴和课业辅导，填补困境青少年的家庭教育缺失。为减轻经济困难家庭的压力，支教团想尽办法筹资，从最开始的说服校友捐助，到摸索做网络主播推销当地土特产，支教团前后筹资 5 万余元，全部用于困境学生一对一的资助。

为了丰富孩子们的学习生活，周彦伶和支教同学们还一起开办了兴趣社团和兴趣课程。从广播站到播音主持，从足球、篮球社团到声乐教学，在学校的支持和支教成员们的努力下，兴趣社团和课程办得如火如荼。看着孩子们纯真的笑脸，周彦伶和伙伴们心里十分欣慰。

白天上课，晚上就在教室旁的办公室睡下，没有独立卫浴，人生地不熟，气候饮食不适应……周彦伶坦言，面对种种困难，她也想过放弃，但骨子里的不服输和助人的快乐都使她最终坚持了下来："支教助学是让我快乐的事，我乐在其中。"

（资料来源：《人民日报》，2022 年 6 月 12 日 05 版，有删改）

在被问到职业规划的问题时，周彦伶笑着说："未来我希望继续从事教育事业，在祖国和人民需要的地方绽放青春之花。"思考为什么支教助学条件差但仍有许多志愿者投身其中。

开卷有益

一、志愿服务的内涵和意义

（一）志愿服务的内涵

2017 年 12 月 1 日，国务院颁布的《志愿服务条例》正式实施，这是我国第一部关于志愿服务的专门性法规。该文件明确指出，志愿服务是指志愿者、志愿服务组织和其他组织自愿、无偿向社会或者他人提供的公益服务。志愿服务的内涵主要包含以下三个方面。

1. 志愿服务是一种由内在的精神动力所支持的活动

志愿服务并不是一种简单的服务工作，它是志愿者在志愿精神的感召下，主动地、自觉自发地开展的社会服务工作。按照联合国志愿人员组织对志愿者精神的理解，可以对志愿精神进行如下解读：志愿精神是一种在自愿的、不计报酬或收入的条件下参与推动人类发展、促进社会进步工作的精神，是公众参与社会生活的一种重要方式，是个人对生命价值和人生观的一种积极态度。

无私奉献的志愿精神是志愿服务的精神内核。正是在这种强大的内在精神动力的支撑下，志愿者们自愿贡献个人的时间、精力等，在不谋求任何物质报酬的情况下，从事社会公益与社会服务事业，把关怀带给社会，传递爱心，传播文明，给社会以温暖。

2. 志愿服务是一种非营利性的活动

志愿服务不是一种用以谋生或营利的职业活动，而是个体出于奉献社会的意愿开展的社会服务，是一种非营利性的活动。虽然志愿服务不追求经济报酬，但并不意味着组织的运转不需要资金方面的支持。事实上，现代志愿服务组织和机构要实现发展和维持运转，离不开充足的经费支撑，但志愿服务组织和机构不能违背志愿精神的本质，不能以营利为目的，更不能向自己的服务对象收取经济方面的回报。

3. 志愿服务是一种有组织的社会公益服务

志愿服务不仅仅是一种做好事和助人为乐的简单活动，更是一种系统地、有组织地、自愿地开展的社会公益服务。它作为社会建设和社会管理的重要组成部分，弥补了政府、市场和个人力量的短板，起到了加强社会和个人相互联系的桥梁作用。

教育部印发的《学生志愿服务管理暂行办法》中指出，学生志愿服务是指学生不以获得报酬为目的，自愿奉献时间和智力、体力、技能等，帮助他人、服务社会的公益行为。

学生志愿服务内容主要包括：普及文明风尚志愿服务、送温暖献爱心志愿服务、公共秩序和赛会保障志愿服务、应急救援志愿服务以及面向特殊群体的志愿服务等。学生志愿者在志愿服务过程中要弘扬“奉献、友爱、互助、进步”的志愿精神。

（二）志愿服务的意义

开展志愿服务，是创新社会治理的有效途径，是加强新形势下精神文明建设的有力抓手。每个人都有参与社会事务的权利和促进社会进步的能力，同样，每个人都有促进社会繁荣进步的义务及责任。参与志愿服务是表达这种“权利”及“义务”的积极和有效的形式。在服务他人、服务社会的同时，自身得到提高、完善和发展，精神和心灵得到满足。

对社会而言，志愿服务具有以下积极意义。一是传递爱心，传播文明。志愿者在把关怀带给社会的同时，也传递了爱心，传播了文明，这种“爱心”和“文明”从一个人身上传到另一个人身上，最终会汇聚成一股强大的社会暖流。二是有助于建立和谐社会。志愿工作，提供了社交和互相帮助的机会，加强了人与人之间的交往及关怀，降低彼此间的疏远感，促进社会和谐。三是促进社会进步。社会的进步需要全社会的共同参与和努力，志愿服务鼓励越来越多的人参与到服务社会的行列中来，对促进社会进步有一定的积极作用。

对志愿者个人而言，志愿服务具有以下积极意义。一是奉献社会。志愿者通过参与志愿服务，有机会为社会出力，贡献自己的力量。二是丰富生活体验。志愿者利用闲余时间，参与一些有意义的工作和活动，既可扩大自己的生活圈子，更可亲身体验社会的人和事，加深对社会的认识，这对志愿者自身的成长和提高是十分有益的。三是获得学习的机会。志愿者在参与志愿工作过程中，除了可以帮助别人，还可以培养自己的组织及领导能力，学习新知识、增强自信心及学会与人相处等。

志愿服务是一种生机勃勃的社会实践活动，它既是实实在在的社会服务活动，又包含着深刻的思想政治教育内容，是两者有机的结合，具有帮助他人、完善自己、服务社会、弘扬新风的功能。

二、志愿服务的基本特征

志愿服务有自愿性、无偿性、公益性和组织性四个基本特征，其特征的精髓是奉献精神。奉献意味着无偿，不计报酬地为他人、为社会服务。具有奉献精神的人通常也自发自愿地参加志愿服务。

（一）自愿性

自愿性是指志愿者基于自由选择基础上的道义良知、同情心和公民社会责任感等的一种自觉自愿的行动。因此，志愿服务具有自愿性，这是志愿组织区别于其他组织的首要特征。志愿服务必须是个人自愿参加的，是主动的而不是被动的，是自觉的而不是被迫的。相关组织可以通过各种方式动员志愿者，但应该让每个志愿者都在没有任何压力的情况下自愿投入志愿服务。强制参与、强制“奉献”、募集摊派或变相摊派、对志愿者进行单位化管理等，都不符合志愿服务活动的自愿性原则。志愿者自愿参加组织，并以无私奉献的精神主动为社会提供服务，表达了公民自主参与社会事务、追求社会民主价值的愿望和要求。

（二）无偿性

无偿性是指志愿服务属于无偿行为。志愿者提供服务的动机，不是为了谋求物质利益，即便在服务中有一些营利甚至这些营利有一定的积累时，也不能用于组织内部的福利，最终必须要返还于社会。志愿服务的提供者从事志愿服务行为，不得向志愿服务对象收取或者变相收取报酬，包括金钱、物质交换或礼物馈赠等形式。但是，志愿服务组织为志愿者提供交通补贴和午餐补贴等并不影响志愿服务的无偿性。

（三）公益性

志愿服务是在一定公共空间内和特定人群中的互助和他助，是直接对他人、对社区、对更广大的社群有益的活动。志愿服务是纯公共产品，从公共产品的性质看，其具有非排他性。志愿组织以他人及社会公众的整体利益为目标，为他人和社会提供服务，谋求利益，创造社会效应，也决定了志愿服务具有公共利益性。

（四）组织性

仅凭孤立的热情、爱心、体力，我们往往无法回应复杂的社会需求。志愿服务具有组织性，可以采取社会团体、社会服务机构、基金会等组织形式开展志愿服务，从而反映行业诉求，推动行业交流，促进志愿服务事业发展。志愿服务组织的不断涌现对促进志愿服务活动广泛开展，推进精神文明建设，推动社会治理创新，维护社会和谐稳定发挥了重要作用。志愿服务组织已成为现代社会从事志愿服务最重要的主体。

拓展阅读

走近习总书记回信的志愿者服务队

有这样一群人，因“志”而行，不为任何薪酬参与社会服务，用点滴行动向社会传递着正能量；有这样一群人，因“愿”而动，不求任何回报用心帮助他人，用凡人善举为社会汇聚爱的光芒。他们的名字叫作志愿者。

本禹志愿服务队：牢记总书记嘱托 弘扬奉献精神

“用我的声音做你的眼睛”的志愿者鞠彬彬、“舍己救人英雄大学生”张瑜、献身支教的赵福兵……这些优秀志愿者都出自华中农业大学“本禹志愿服务队”。10 多年来，这个服务队致力于关心西部贫困地区儿童的教育以及社会困难群体的帮扶，展开一次次支教扶贫的接力。

“本禹志愿服务队”受到习近平总书记的关注和鼓励。习近平总书记曾给他们回信，希望服务队弘扬奉献、友爱、互助、进步的志愿精神，坚持与祖国同行、为人民奉献，以青春梦想、用实际行动为实现中国梦作出新的更大贡献。

近年来，在党中央高度重视、关怀下，志愿服务事业蓬勃发展，越来越多的爱心人士加入了志愿者队伍，进一步培育和践行了社会主义核心价值观。广东省惠州市形成了人人争当志愿者、处处都有志愿服务的生动局面；吉林省全省农村开展“邻里守望”志愿服务活动；浙江省宁波市加强社区志愿服务，开展了关爱困难群体和困难群众志愿服务……

郭明义爱心团队：瞄准群众实际需求 推动志愿服务制度化

累计捐款近 200 万元、资助困难学生 3000 多名、无偿献血总量达 100 多万毫升、1000 多人成为遗体（器官）捐献志愿者、常年帮扶贫困人群……

多年来，在郭明义的感召和引领下，“郭明义爱心团队”以实际行动倡导无私奉献精神、引领社会文明风尚，逐渐成为具有全国影响力的志愿者团队品牌。

习近平总书记曾经在给“郭明义爱心团队”的回信中，希望“爱心团队”努力践行社会主义核心价值观，积极向上向善，从“赠人玫瑰、手有余香”中感受善的力量，以实际行动书写新时代的雷锋故事，为实现中国梦有一分热发一分光。

近年来，志愿服务精神就像一个巨大的磁场，各地各部门以社区志愿服务为重点，以社会实际需求为导向，不断推动志愿服务工作制度化、常态化、长效化发展。中央精神文明建设指导委员会专门印发《关于推进志愿服务制度化的意见》，进一步建立健全志愿服务制度；黑龙江省把构建与政府服务和市场服务相衔接的社会志愿服务体系作为志愿服务工作的战略目标；上海市长宁区以加强制度建设为抓手，不断搭建志愿服务立体化工作架构……

（资料来源：新华网，2014 年 12 月 4 日，有删改）

三、志愿服务的类型

志愿服务主要领域包括扶贫济困、助老助残、社区服务、生态建设、大型活动、抢险救灾、社会管理、文化建设、西部开发、海外服务等，具体可以分为以下三大类。

一是以国家政策为导向的志愿服务，如大学生志愿服务西部计划、大学生志愿服务苏北计划等。这类志愿服务以项目为周期，时间较长，往往需要参与者具备一定的资格条件。

二是由政府职能机构、事业单位（如学校）等组织的官方志愿服务，如奥运会、世博会、亚运会等。这类志愿服务主要以活动、会议为载体，涉及面广，持续时间短，参与者多为临时招募。

三是由民间自发组织开展的志愿服务，如自然之友、地球村、绿家园等。这类志愿服务面向不同的群体，专业性较强，有一定的参与门槛，持续时间也较长。

随着社会的进步，人们对志愿服务的形式、内容、质量都提出了更高的要求。在一项针对志愿者的调查中，有超过半数的志愿者认为“自身知识水平以及社会实践能力的欠缺”制约了志愿服务的进一步开展。

四、志愿者精神

志愿服务有着重要的价值，对个人与社会的发展起到了非常大的促进作用。志愿服务的精神概括起来就是奉献、友爱、互助、进步。

（一）奉献

“奉献”即不求回报地付出。奉献精神是高尚的，是志愿服务精神的精髓。志愿者在不计报酬、不求名利、不要特权的情况下参与推动人类发展、促进社会进步的活动，这些都体现着高尚的奉献精神。

（二）友爱

志愿服务精神提倡志愿者欣赏他人、与人为善、有爱无碍、尊重他人，这是使志愿者之爱跨越国界、职业和贫富差距，跨越文化差异、民族差异等的平等之爱，它让社会充满阳光般的温暖。

（三）互助

志愿服务包含着深刻的互助精神，它提倡“互相帮助、助人自助”。志愿者凭借自己的双手、头脑、知识、爱心开展各种志愿服务活动，帮助那些处于困难和危机中的人们。同时，志愿者以互助精神唤醒了许多人内心的仁爱和慈善，使他们持之以恒地真心奉献。

（四）进步

进步精神是志愿服务精神的重要组成部分。志愿者通过参与志愿服务，使自己的能力得到提高，同时促进了社会的进步。志愿活动中无处不体现着进步的精神，正是这一精神使人们甘心付出，追求社会和谐之境的实现。

五、志愿者的相关知识

（一）成为志愿者的基本条件

2013 年 11 月，共青团中央、中国青年志愿者协会颁布新修订的《中国注册志愿者管理办法》。其中，对注册志愿者的基本条件作了如下规定：

①年满十八周岁或十六至十八周岁以自己劳动收入为主要生活来源者：十四至十八周岁者，须经其法定代理人同意；未满十八周岁的在校学生申请注册的，按所在学校有关规定办理。

②具备参加志愿服务相应的基本能力和身体素质。

③遵守国家法律法规和注册机构的相关规定。

（二）志愿者的权利与义务

1. 志愿者的权利

志愿者具有以下权利：

①参加志愿服务活动。

②接受相关的志愿服务培训，获得志愿服务活动真实、必要的信息。

③获得从事志愿服务的必需条件和必要保障。

④优先获得志愿者组织和其他志愿者提供的服务。

⑤对志愿服务工作提出意见和建议。

⑥相关法律、法规、政策所赋予的权利。

⑦可申请取消注册志愿者身份。

2. 志愿者的义务

志愿者具有以下义务：

①遵守国家法律法规及团组织、志愿者组织的相关规定。

②每名注册志愿者根据个人意愿至少选择参加一个志愿服务项目或活动，每年参加志愿服务时间累计不少于20小时。

③履行志愿服务承诺，完成志愿服务任务，传播志愿服务理念。

④自觉维护团组织、志愿者组织和志愿者的形象。

⑤在志愿者职责范围内，自觉维护服务对象的合法权益。

⑥自觉抵制任何以志愿者身份从事的营利活动或其他违背社会公德的活动（行为）。

⑦依法应当承担的其他义务。

知识链接

志愿者标识

注册志愿者标识（通称“心手标”）的整体构图为心的造型（红色），又是英文“volunteer”的第一个字母“v”，图案中央是手的造型（白色），也是鸽子的造型，如图3–1所示。标识寓意为中国志愿者向社会上所有需要帮助的人们奉献一片爱心，伸出友爱之手，表达“爱心献社会，真情暖人心”和“团结互助，共创和谐”的主题。

图3–1 志愿者标识

六、志愿者的自我认知

“志愿者”（volunteers）一词源于拉丁文中的“voluntas”，意为“意愿”。志愿者是指任何自愿贡献个人的时间、精力、金钱及精神，在不谋求任何物质报酬的情况下，从事社会公益与社会服务事业，为改进社会和推动社会进步而提供服务的人。要想成为一名合格的志愿者，首先要有清晰的自我认知。

（一）对自我性格的认知

志愿者的性格对志愿服务活动来说是相当重要的。由于性格关系到志愿者与其他志愿者、服务对象、志愿者机构管理人员之间的相互的作用，也可关系到团队或组织的运作，所以想参加志愿服务的人，必须充分正确认知自己的性格。如果自己的性格比较适合志愿服务，那就可以比较轻易地融入志愿服务中，与服务对象、其他志愿者的关系也会处理得很好；相反，就会比较难融入志愿服务之中，与服务对象、其他志愿者之间的关系也会较差。志愿者自身应在参加志愿服务之前，对自己的性格有一个具体、准确的认知，再根据自身实际情况参加适合自己的服务项目，或者在通过志愿者团队组织的一些辅导后，改善自己某些能力的不足，使自己更能胜任志愿服务。

（二）对自我能力的认知

做志愿者只有爱心是不够的，还需要具备相应的能力。能力是指圆满完成某种活动所必须具备并直接影响服务效率的个性心理特征。能力必定是与人所完成的活动紧密联系的。这里所指的能力就是指可以用于志愿服务的能力，包括观察力、知觉力、思维力、想象力、记忆力、意志力等。在志愿服务中，几种能力有机结合和协调运作，才能够综合起来形成俗称的“才能”。不同能力的结合则形成不同的才能。想参加志愿服务的学生应该对自己的能力做一个正确的、全面的总结，同时注意一般能力与特殊能力、优势能力与非优势能力的区别以及联系。

（三）对专业知识的认知

专业知识是志愿者所拥有的特殊的、与众不同的知识，往往与志愿者的基本能力一起构成志愿服务的主要力量源泉，可以在志愿服务当中发挥巨大的作用，同时也有助于志愿者团队的服务开展和综合素质的提高，也是志愿者在团队活动中体现自己价值的重要标志，所以志愿者本身应注意加以重视。

（四）对自身健康的认知

志愿者在进行志愿服务时必须保证自身处于健康状态，这样才可以在志愿服务中顺利地完成志愿服务。健康包括躯体、器官等生理方面的正常发育，也包括认识、情感、意志与人格特征以及社会适应等心理方面的正常发展。躯体健康和心理健康统一起来，才是完整的健康。对志愿者生理健康的要求主要是身体的健康状况能够承担起不同种类的志愿活动，如户外的活动，需要志愿者起码能够承受得起户外阳光的暴晒，不会发生中暑或不适而退出服务活动。而心理方面的要求在于，志愿者应有独立完整的人格，尊重自己、尊重别人，有良好的人际关系等。想参加志愿服务的学生，应该以此来比对自己的情况，从而考虑能否参加志愿服务活动。

知识链接

心理健康的标准

智力正常。智力是衡量心理健康最重要的标准之一，是正常生活、学习和工作的基本心理条件，是人们与周围环境达到心理平衡的心理保证。心理学家普遍用智力商数（智商）表示智力发展的高低，一般而言，正常智商为 90 ~ 110。

有独立完整的人格。心理健康的人，胸襟开阔，胸怀坦荡，言行一致，表里如一，热爱生活，善于生活，既能调节自己的行为，克服各种困难，也能战胜自己的疲倦、抑郁、沮丧等消极情绪，能忍受打击而保持自身人格的完整，达到心理的平衡。

尊重自己，尊重别人。尊重自己就是要有自尊心，有自知之明和良好的自我意识。同时还要尊重别人，文明礼貌，谦虚谨慎，能发现别人的长处，也能认识自己的不足，互相学习，共同提高。尊重别人，并非盲从，而是正常心理适应。

有良好的人际关系。人生活在社会之中，必须与形形色色的人交往，结成不同的关系，并能正确地处理好这些关系，与他人保持和睦相处。

有高尚的追求目标。要有理想、有信心、坚忍不拔，树立正确的世界观，勤奋好学，自强不息。

有基本稳定的情绪。遇事能够冷静思考，在顺境中，不会骄傲自满、盛气凌人，在逆境中，也不会抑郁沮丧、消极悲观，心境上常常保持相对的平衡。

（五）对空闲时间的认知

志愿服务是一项长期的、经常性的服务活动。志愿者的空闲时间对于志愿服务来说是十分重要的。想参加志愿服务的学生，要慎重考虑自身的空闲时间，在除去工作时间、个人学习进修时间、社交时间之后，确实有空余的时间用来做志愿服务时，再去志愿者机构报名。但应该提出的是，这种空暇时间应该相对固定，如每周六、周日，或者是周一至周五的某个下午或晚上时间。这样方能使服务固定下来，方便志愿者机构去安排志愿服务，有利于机构服务的稳定长期开展。

活动 1 志愿服务：做好文明交通引导员

活动描述

文明交通塑造城市形象，绿色出行彰显文明风貌。构建城市的交通文明，需要我们每个人的努力。

让我们用实际行动，倡导群众遵守交通法律法规、规范交通行为，提升人民群众文明出行的交通安全意识，引导大家携手共创交通文明环境，形成维护交通秩序的良好社会风尚。

活动目标

1. 强化公共服务意识。
2. 提高主动作为的奉献精神。

活动流程

活动准备

联系有关部门为开展文明交通引导志愿服务做准备，请专业人员对志愿者进行岗前培训。志愿者担任文明劝导员时要注意以下要求。

①统一标识。文明劝导员在劝导时间内要按规定戴红色袖标，手持引导小红旗。

②注重仪表。文明劝导员要注重自身形象，保持着装整洁、仪表端庄、精神饱满，并在规定时间内按时上岗，当好文明礼仪标兵。

③忠于职守。文明劝导员要按时到岗，上岗期间应主动协助执勤交警维护交通秩序，坚决有效地劝阻、制止交通违法行为；要争当文明行为的示范者、文明知识的宣传者、文明秩序的维护者；换班时要做好交接工作，不能出现空岗、缺岗等现象。

文明交通引导

志愿者的主要职责是，上街执勤，对以下不文明行为进行劝导：行人、非机动车辆不遵守交通信号灯；行人走机动车道和非机动车道、不走斑马线、在机动车道内候公交车、闯红灯等；机动车辆逆向行驶、违章带人、闯红灯、乱停乱放等。

总结反思

活动结束后拍照留念，集体返程，返校后进行总结分享。

活动评价

活动内容	标准	分值	活动评价		
			自评	互评	师评
活动准备	准备充分，符合要求	20			
文明交通引导	按时到岗，文明劝导	70			
总结反思	积极发言，认识深刻	10			
合计		100			

活动 2

尊老爱老：敬老院里做义工

活动描述

志愿服务是一项崇高的事业，志愿者所体现和倡导的“奉献、友爱、互助、进步”的精神，是中华民族助人为乐的传统美德。近年来，我国在社会保障，尤其是在老年人保障方面已取得许多成就，但形势依然严峻，老年人人口所占比重逐年增大，多数城镇已进入老龄化阶段。

“老吾老以及人之老”，让我们走进敬老院，给那里的老人送去一份关爱和温暖。

活动目标

1. 培育社会公德。
2. 运用专业技能为他人提供相关公益服务。

活动流程

活动准备

①联系敬老院，与负责人沟通志愿服务方案。

②事先了解敬老院内老人的基本情况与特殊情况，志愿者分组时要考虑各类情况。

③准备给老人的礼物。

义工服务实践

志愿服务的具体活动包括：

①布置场地，全体志愿者给老人们问好；

②为老人晒被褥，打扫房间，洗衣物，陪他们聊天；

③利用自己的专业特长为老人们服务；

④文艺节目表演；

⑤为老人做一次按摩；

⑥为老人们送上精心准备的礼物。

活动中应注意的问题包括：

①按时到岗，注意不要嬉戏打闹，要切实完成志愿服务；

②如有特殊原因无法参加或者早退，要及时告知组织者，切勿单独行动。

活动反思

活动结束后拍照留念，集体返程，返校后进行总结分享。

活动评价

活动内容	标准	分值	活动评价		
			自评	互评	师评
活动准备	沟通到位，分组合理	20			
服务实践	切实完成服务，让老人心情舒适	70			
活动反思	积极发言，认识深刻	10			
	合计	100			

专题四

涵养劳动情怀 培育劳动品质

劳动可以立德，劳动可以增智，劳动可以健体，劳动可以育美。学生通过劳动，可以培养勤劳俭朴、吃苦耐劳的精神品质，养成艰苦奋斗、团结合作的奋斗精神，形成尊重劳动、热爱生活的优秀品格；可以促进自身全面吸收人类优秀的文明成果，掌握基本的专业技能，形成初步的职业意向；可以促进自身强健体魄，形成健全人格，锤炼意志品质；可以促进自身树立“幸福是奋斗出来的”的劳动价值观，陶冶性格情操，提高人文素养。

任务一

知法懂法 守法用法

任务导言

根据《中华人民共和国劳动法》，劳动者凭借从事劳动或从事过劳动这一客观存在获得的应享有的权益，包括平等就业和选择职业的权利、取得劳动报酬的权利、休息休假的权利、获得劳动安全卫生保护的权利、接受职业技能培训的权利、享受社会保险和福利的权利、提请劳动争议处理的权利以及法律规定的其他劳动权利等。我国作为社会主义国家尤其重视劳动保护体系。劳动者要知法懂法、守法用法，在维护自己合法权益的同时尊重他人的劳动成果。

目标导航

知识目标

1. 了解劳动者的权利与义务。

2. 掌握签订劳动合同与劳动合同的履行、变更、解除中的注意事项。

能力目标

1. 增强运用法律武器保护劳动权利的能力。

2. 能够采用正确的途径处理劳动争议。

素质目标

1. 增强劳动领域的法律意识。

2. 做到尊崇法律、敬畏法律、信仰法律，并且懂法用法。

劳动语录

法律的基础有两个，而且只有两个——公平和实用。

——埃德蒙·伯克（Edmund Burke）

案例导入

致力于帮农民工讨薪的公益律师——王惠

王惠是江西省总工会首席法律援助律师，多年来一直致力于为农民工讨薪提供法律援助。

2006年，一位拄着双拐的男子找到王惠。他4年前在工地干活时摔伤导致残疾，却拿不到任何赔偿。当他向王惠求助时，早过了申请工伤认定的时效。看着男子一无所获地离开，王惠心里不是滋味：“如果他能多了解一些法律知识，能及时得到法律援助，可能就不会有这么多无奈和遗憾。”2007年，如愿成为专职援助律师后，她和弱势群体打交道、做朋友，为他们维权到底，逐渐在公益法律服务行业站稳脚跟。

2016年，王惠创办江西省第一家具有公益性质的律师事务所，自筹资金组建了一支公益团队继续免费为农民工服务，办公地点设立在南昌市总工会职工服务中心楼内。王惠给律所起名为“听讼”，出自孔子的一句话：“听讼，吾犹人也。必也使无讼乎！”这句话的意思是要和求助人感同身受，真正去了解对方的诉求。如今，加入公益法律援助行列的律师越来越多。“现在，法律援助律师越来越受到认可。”王惠说，“让人们觉得公益律师不是没有案子办、不是能力差，而是水平高、门槛高、收入高的职业，这就是我的目标。”

15年间，王惠见证了国家在治理农民工欠薪方面的变化和进步。这给了王惠和她的公益律师团队更多底气。在她眼里，欠薪个案少了，群体性欠薪也少了。王惠还有个“小目标”：逐渐积累海外人才储备，开展针对海外农民工的法律援助。跨国劳动纠纷案件难度更大，因为不通当地语言文化和法律制度，该群体维权手段十分有限，相较国内农民工更为不易。

“公益法律服务要走专业化道路。”王惠认为，“‘听讼’要一直致力于弱势群体的劳动争议解决，把越来越多的青年律师培养成领域内的‘专家型’律师。”

（资料来源：《新华每日电讯》，2022年1月6日11版，有删改）

王惠致力于弱势群体的劳动争议解决，对维护劳动者权益有何意义？

开卷有益

一、劳动者的权利和义务

劳动者作为人力资源的所有者，在劳动关系中，凭借从事劳动或从事过劳动这一客观存在获得应享有的权益。权利和义务是密切联系的，任何权利的实现总是以义务的行使为条件。没有权利就无所谓义务，没有义务就没有权利。

（一）劳动者的权利

1. 平等就业和选择职业的权利

劳动者就业，不因民族、种族、性别、宗教信仰不同而受歧视。妇女享有与男子平等的就业权利。用人单位在录用职工时，除国家规定的不适合妇女的工种或者岗位外，不得以性别为由拒绝录用妇女或者提高对妇女的录用标准。禁止用人单位招用未满十六周岁的未成年人。文艺、体育和特种工艺单位招用未满十六周岁的未成年人，必须遵守国家有关规定，并保障其接受义务教育的权利。

2. 取得劳动报酬的权利

用人单位根据本单位的生产经营特点和经济效益，依法自主确定本单位的工资分配方式和工资水平。工资应当以货币形式按月支付给劳动者本人。不得克扣或者无故拖欠劳动者的工资。劳动者在法定休假日和婚丧假期间以及依法参加社会活动期间，用人单位应当依法支付工资。

3. 休息休假的权利

国家实行劳动者每日工作时间不超过八小时、平均每周工作时间不超过四十四小时的工时制度。用人单位应当保证劳动者每周至少休息一日。用人单位在法律、法规规定的节日期间应当依法安排劳动者休假。用人单位由于生产经营需要，经与工会和劳动者协商后可以延长工作时间，一般每日不得超过一小时；因特殊原因需要延长工作时间的，在保障劳动者身体健康的条件下延长工作时间每日不得超过三小时，每月不得超过三十六小时。用人单位不得违反《中华人民共和国劳动法》规定延长劳动者的工作时间。劳动者连续工作一年以上的，享受带薪年休假。

对怀孕七个月以上的女职工，用人单位不得安排其延长工作时间和夜班劳动。女职工生育享受不少于九十天的产假。用人单位不得安排女职工在哺乳未满一周岁的婴儿期间从事国家规定的第三级体力劳动强度的劳动和哺乳期禁忌从事的其他劳动，不得安排延长工作时间和夜班劳动。

4. 获得劳动安全卫生保护的权利

用人单位必须建立、健全劳动安全卫生制度，严格执行国家劳动安全卫生规程和标准，对劳动者进行劳动安全卫生教育，防止劳动过程中的事故，减少职业危害。用人单位必须为劳动者提供符合国家规定的劳动安全卫生条件和必要的劳动防护用品，对从事有职业危害作业的劳动者应当定期进行健康检查。

禁止安排女职工从事矿山井下、国家规定的第四级体力劳动强度的劳动和其他禁忌从事的劳动。不得安排女职工在经期从事高处、低温、冷水作业和国家规定的第三级体力劳动强度的劳动。不得安排女职工在怀孕期间从事国家规定的第三级体力劳动强度的劳动和孕期禁忌从事的劳动。

5. 接受职业技能培训的权利

国家通过各种途径，采取各种措施，发展职业培训事业，开发劳动者的职业技能，提高劳动者素质，增强劳动者的就业能力和工作能力。各级人民政府应当把发展职业培训纳入社会经济发展的规划，鼓励和支持有条件的企业、事业组织、社会团体和个人进行各种形式的职业培训。用人单位应当建立职业培训制度，按照国家规定提取和使用职业培训经费，根据本单位实际，有计划地对劳动者进行职业培训。

6. 享受社会保险和福利的权利

国家发展社会保险事业，建立社会保险制度，设立社会保险基金，使劳动者在年老、患病、工伤、失业、生育等情况下获得帮助和补偿。国家发展社会福利事业，兴建公共福利设施，为劳动者休息、休养和疗养提供条件。用人单位应当创造条件，改善集体福利，提高劳动者的福利待遇。

拓展阅读

享受社会保险权

经过严格的考核，刘某被一家食品公司录用。进入工作岗位后，公司告知刘某月工资为2600元，但要试用3个月。入职2个月之后，刘某向公司提出要求，希望能够为他缴纳社会保险费。可是，公司以试用期未满为由拒绝了刘某的请求。

无奈，刘某通过劳动争议仲裁及诉讼程序，要求与公司解除劳动关系，并要求公司支付离职经济补偿金。法院经过审理，判决公司支付刘某解除劳动关系经济补偿金2000元。

点评

《中华人民共和国劳动合同法》第三十八条规定，用人单位有下列情形之一的，劳动者可以解除劳动合同：（一）未按照劳动合同约定提供劳动保护或者劳动条件的；（二）未及时足额支付劳动报酬的；（三）未依法为劳动者缴纳社会保险费的……

《中华人民共和国劳动合同法》第四十六条规定，劳动者依照本法第三十八条规定解除劳动合同的，用人单位应当向劳动者支付经济补偿。

根据以上法律规定，及时为劳动者缴纳社会保险是用人单位的法定义务。本案中，公司未为刘某缴纳社会保险，存在不履行法定义务的行为，刘某据此提出解除劳动关系并要求公司支付经济补偿的要求，符合法律规定。

（资料来源：齐鲁壹点百家号，2021年3月10日，有删改）

7. 提请劳动争议处理的权利以及法律规定的其他劳动权利

用人单位与劳动者发生劳动争议，当事人可以依法申请调解、仲裁、提起诉讼，也可以协商解决。

（二）劳动者的义务

1. 劳动者应当完成劳动任务

劳动者有劳动就业的权利，而劳动者一旦与用人单位建立劳动关系，就必须履行其应尽的义务，其中最主要的义务就是完成劳动生产任务。这是劳动关系范围内的法定的义务，同时也是强制性义务。劳动者不能完成劳动义务，就意味着劳动者违反劳动合同的约定，用人单位可以解除劳动合同。

2. 劳动者应当提高职业技能

从事技术工种的劳动者，上岗前必须经过培训。国家确定职业分类，对规定的职业制定职业技能标准，实行职业资格证书制度，由经备案的考核鉴定机构负责对劳动者实施职业技能考核鉴定。

3. 劳动者应当执行劳动安全卫生规程

从事特种作业的劳动者必须经过专门培训并取得特种作业资格。劳动者在劳动过程中必须严格遵守安全操作规程。劳动者对用人单位管理人员违章指挥、强令冒险作业，有权拒绝执行；对危害生命安全和身体健康的行为，有权提出批评、检举和控告。

4. 劳动者应当遵守劳动纪律和职业道德

遵守劳动纪律和职业道德，是作为劳动者的起码条件。劳动者应当履行规定的义务，不断增强国家主人翁责任感，兢兢业业、勤勤恳恳地劳动，保质保量地完成规定的生产任务，自觉地遵守劳动纪律，维护工作制度和生产秩序。职业道德是从业人员在职业活动中应当遵循的道德。职业道德是在职业生活中形成和发展的，调节职业活动中的特殊道德关系和利益矛盾的行为准则和规范，它是一般社会道德在职业活动中的体现，其基本要求是忠于职守，并对社会负责。

遵守劳动纪律和职业道德，是保证生产正常进行和提高劳动生产率的需要。现代社会化的大生产，客观上要求每个劳动者严格遵守劳动纪律，以保证集体劳动的协调一致，从而提高劳动生产率，保证产品质量。劳动者在维护企业和自身利益的同时，还要就自己提供的产品和服务向社会负责，这是现代社会法律要求劳动者必须履行的义务。

二、劳动合同

劳动者从业之前还有一个关键环节，就是与用人单位签订劳动合同。它是劳动者合法权益的有力保障之一。

（一）劳动合同的含义

劳动合同是指劳动者与用工单位之间确立劳动关系、明确双方权利和义务的协议。建立劳动关系应当订立劳动合同。劳动合同应当以书面形式订立，即应采用书面协议。

劳动合同的书面形式有主件、附件之分，主件即劳动合同书，附件一般指劳动合同的补充协议，如岗位协议、专项劳动协议等。劳动合同按照不同的标准可划分为不同的种类：以合同的日的标准，可划分为聘用合同、录用合同、借调合同、停薪留职合同；以合同的有效期为标准，可划分为固定期限合同、无固定期限的合同和以完成一定工作为期限的合同。

（二）劳动合同的必备内容

劳动合同的必备条款，是指法律规定的劳动合同必须具备的内容。《中华人民共和国劳动合同法》第十七条规定，劳动合同应当具备以下条款。

1. 用人单位的名称、住所和法定代表人或者主要负责人

为了明确用人单位一方的主体资格，确定劳动合同的当事人，劳动合同中必须具备这一项内容。

2. 劳动者的姓名、住址和居民身份证或者其他有效身份证件号码

为了明确劳动合同中劳动者一方的主体资格，确定劳动合同的当事人，劳动合同中必须具备这一项内容。

3. 劳动合同期限

合同期限主要分为三种：固定期限、无固定期限及以完成一定工作任务为期限。如果是临时性工作的劳动者，劳动合同中必须明确期限。如果没有明确期限应该视为无固定期限。不论一年、两年或三年，都必须有起止日期。

4. 工作内容和工作地点

工作内容应该体现在劳动合同中，比如从事的岗位、具体负责的内容。工作地点也很重要，劳动合同中必须规定劳动地点，否则很容易产生纠纷。比如，合同中约定了工作地点在北京，如果有一天用人单位要把员工调到上海，员工可以不接受，因为合同中已经约定好工作地点，用人单位单方面变更了员工的工作地点属于用人单位违约。

5. 工作时间和休息休假

我国目前主要有三种工作时间制度：一是标准工作时间制度，即每天工作 8 小时，平均每周工作不超过 40 小时，并保证劳动者每周至少休息 1 日；二是不定时工作时间制度，即没有固定工作时间限制，原则上保证劳动者每周至少休息 1 日；三是综合计算工作时间制度，即以月、季、年等为周期，综合计算工作时间，但其平均日工作时间和平均周工作时间应与法定标准工作时间基本相同。用人单位除执行标准工时制外，其他工时制均需报劳动保障部门审批，没有审批的视为无效。

6. 劳动报酬

劳动报酬是劳动者最关心的问题。劳动报酬应该明确地写在劳动合同中，而且合同中也需要明确加班费的计算基数、奖金、津贴、补贴的数额及支付时间、支付方式等。

拓展阅读

迟到1次被扣1000元工资，涉事员工如何维权

安徽省一公司“迟到1次扣1000元工资”事件引发关注。据当事人程先生透露，公司规定每次罚款1000元，去年11月离职时结算当月工资，他因3次迟到被扣除3000元，只拿到了2017元。有多年劳动争议纠纷解决经验的法律博主袁亚洋针对此事件进行了分析。

迟到一次扣1000元，是否违背了劳动法？袁亚洋表示，如果当事人程先生所言属实，那么这种情况便违反了劳动法律相关规定。据袁亚洋介绍，根据该事件所在地《安徽省工资支付规定》的规定，劳动者无正当理由不提供劳动的，用人单位可以不支付其期间的工资，换言之，迟到扣钱应当扣除的是对应缺勤（即迟到）期间的工资。

那么对应迟到期间的工资如何计算？袁亚洋解释说：假如某员工A每个月工资为5000元，根据法律规定，员工A的时薪为5000元除以174小时，其中这174小时是劳动法规定的每月工作时间；随后，再用“小时工资”除以60分钟，得到的结果便是“分钟工资”，即分钟工资＝每月工资 ÷174小时 ÷60分钟。简单来说，如果员工A迟到了10分钟，用人单位只能扣除对应的这10分钟的工资，被扣的工资数则为“分钟工资”乘以10，因此（企业）直接扣除了1000元是明显违法的。

面临企业自行规定的罚款，员工应如何保护自身权益？袁亚洋介绍，以本案为例，当面临企业自行规定的不合理罚款时，员工有两种维权方式。其一，劳动仲裁。该员工可以以企业未及时足额支付劳动报酬为由单方解除劳动合同，并且提起劳动仲裁，要求企业按照劳动合同法规定，向其支付经济补偿金。其二，向劳动监察大队投诉。该员工可以向当地的劳动监察大队进行举报投诉，要求企业足额支付劳动报酬。若企业逾期不支付，劳动监察大队可以责令用人单位按应付金额百分之五十以上百分之一百以下的标准向劳动者加付赔偿金。

（资料来源：央视网百家号，2021年1月9日，有删改）

7. 社会保险

国家规定用人单位必须为员工缴纳社会保险，即我们通常说的五险，其包括养老保险、失业保险、医疗保险、工伤保险、生育保险。

8. 劳动保护、劳动条件和职业危害防护

危害防护是指针对从事非普通工作的特殊行业人员（比如高空作业人员、地下采矿人员、海上作业人员、刑警、消防员、航空人员等）采取的防护，应写入合同条款。

9. 法律、法规规定应当纳入劳动合同的其他事项

劳动合同除以上规定的必备条款外，用人单位与劳动者可以协商约定试用期、培训、保守商业秘密、补充保险和福利待遇等其他事项。

（三）劳动合同的履行、变更、解除

1. 履行

劳动合同的履行是指劳动合同的双方当事人按照合同规定，履行各自承担的义务的行为。依法订立的劳动合同具有法律约束力，任何个人或第三方不得非法干涉劳动合同的履行。

2. 变更

劳动合同的变更是指劳动合同依法订立后，在合同尚未履行或者尚未履行完毕之前，经用人单位和劳动者双方当事人协商同意，对劳动合同内容做部分修改、补充或者删减的法律行为。劳动合同的变更是在原合同的基础上对原劳动合同内容做部分修改、补充或者删减，而不是签订新的劳动合同。原劳动合同未变更的部分仍然有效，变更后的内容就取代了原合同的相关内容，新达成的变更协议条款与原合同中其他条款具有同等法律效力，对双方当事人都有约束力。我国劳动法规定，提出变更劳动合同的一方给对方造成经济损失的，应当承担赔偿责任。

3. 解除

劳动合同的解除是指在劳动合同订立之后，劳动合同期限届满之前，因出现法定的情形，用人单位或劳动者单方提出终止劳动关系或双方协商提前终止劳动关系的法律行为。《中华人民共和国劳动合同法》第三十六条规定，用人单位与劳动者协商一致，可以解除劳动合同。

（1）劳动者解除劳动合同的条件

《中华人民共和国劳动合同法》第三十八条规定，用人单位有下列情形之一的，劳动

者可以解除劳动合同：①未按照劳动合同约定提供劳动保护或者劳动条件的；②未及时足额支付劳动报酬的；③未依法为劳动者缴纳社会保险费的；④用人单位的规章制度违反法律、法规的规定，损害劳动者权益的；⑤因本法第二十六条第一款规定的情形致使劳动合同无效的；⑥法律、行政法规规定劳动者可以解除劳动合同的其他情形。此外，用人单位以暴力、威胁或者非法限制人身自由的手段强迫劳动者劳动的，或者用人单位违章指挥、强令冒险作业危及劳动者人身安全的，劳动者可以立即解除劳动合同，不需事先告知用人单位。

（2）劳动者解除劳动合同需履行提前通知的义务

《中华人民共和国劳动合同法》第三十七条规定：劳动者提前三十日以书面形式通知用人单位，可以解除劳动合同；劳动者在试用期内提前三日通知用人单位，可以解除劳动合同。

（四）签订劳动合同时应注意的事项

签订劳动合同是毕业生就业进入职场面临的第一个考验。对于没有什么社会经验的毕业生来说，其在签订劳动合同时有可能陷入“就业陷阱”。为避免不必要的损失，毕业生应在签订劳动合同中注意以下事项：①及时与用人单位签订劳动合同；②明确劳动合同的必备条款；③了解用人单位相关的规章制度；④与用人单位协商一致，约定在法律范围内的其他事项；⑤与用人单位约定试用期，但应遵循法律的规定；⑥明确违约金的设立依据，注意违约金只限于违反服务规定、违反保守商业秘密约定的几种情况，且违约金的金额不应高于毕业生的年薪。

三、劳动争议与处理

按我国劳动法治建设实际，一些劳动用工标准不能较好地落地。同时，受经济大环境及用人单位长期习惯任意用工等因素影响，实务部门在处理劳动争议时往往面临劳动者权益保护与维护就业岗位的两难境地。劳动者要了解劳动争议的类型以及解决方式，以便能够依法维护自己的合法权益。

（一）劳动争议

劳动争议，亦称劳动纠纷，是指劳动关系的当事人之间因执行劳动法律、法规和履行劳动合同而发生的纠纷，即劳动者与所在单位之间因劳动关系中的权利、义务而发生的纠纷。

劳动争议的当事人是指劳动关系中的双方当事人——职工和用人单位（包括自然人、

法人和具有经营权的用人单位），即劳动法律关系中权利的享有者和义务的承担者。

根据争议涉及的权利和义务的具体内容，《中华人民共和国劳动争议调解仲裁法》第二条规定，可将劳动争议具体分为以下几类：一是因确认劳动关系发生的争议；二是因订立、履行、变更、解除和终止劳动合同发生的争议；三是因除名、辞退和辞职、离职发生的争议；四是因工作时间、休息休假、社会保险、福利、培训以及劳动保护发生的争议；五是因劳动报酬、工伤医疗费、经济补偿或者赔偿金等发生的争议；六是法律、法规规定的其他劳动争议。

（二）劳动争议的解决方式

处理劳动争议所遵循的立法原则有两种：一是自愿原则，二是强制原则。遵循不同的基本原则，就会形成不同的组织体制和办案机制。根据自愿原则，调解或仲裁机构独立于政府的特征性较强，由双方当事人协商是否调解或仲裁，和解协议必须是双方自愿达成的，仲裁人员应是双方当事人认可的。根据强制原则，调解或仲裁机构与政府的联系较多，政府从中起主要作用，劳动争议任何一方或者政府无须协商均可依据法律规定交付仲裁解决争议，仲裁人员由仲裁机构指定。

1. 处理原则

一是在查清的基础上，依法处理劳动争议原则；二是当事人在法律上一律平等原则；三是着重调解劳动争议原则；四是及时处理劳动争议原则。

2. 处理程序

我国当前处理劳动争议的机构为劳动争议调解委员会、地方劳动争议仲裁委员会和地方人民法院。

（1）劳动争议调解

调解是处理企业与劳动者之间产生的劳动争议的基本办法或途径之一。事实上，调解可以贯穿劳动争议整个的解决过程。它既指在劳动争议进入仲裁或诉讼以后由仲裁委员会或法院所做的调解工作，也包含企业调解委员会对企业劳动争议所做的调解活动。企业调解委员会所做的调解活动主要是指，调解委员会在接受争议双方当事人调解申请后，首先查清事实、明确责任，在此基础上根据有关法律和集体合同或劳动合同的规定，通过自己的说服、劝导，促使双方当事人在相互让步的前提下自愿达成解决劳动争议的协议。调解的程序为：申请→受理→调查→调解→制作调解协议书。

（2）劳动争议仲裁

仲裁也称公断，是指劳动争议仲裁机构依法对争议双方当事人的争议案件进行居中公断的执法行为。

仲裁一般要经历以下几个阶段。

①案件受理阶段。这一阶段包括两项工作：一是当事人在规定的时效内向当地劳动争议仲裁委员会提交请求仲裁的书面申请；二是案件受理，劳动争议仲裁委员会应在收到仲裁申请后一段时间内做出受理或不受理的决定。

②调查取证阶段。调查取证的目的是收集有关证据和材料，查明争议事实，为下一步的调解或裁决工作做好准备。调查取证包括撰写调查提纲，根据调查提纲进行有针对性的调查取证，以及核实调查结果和有关证据等。

③调解阶段。仲裁庭在查明事实的基础上，首先做调解工作，努力促使双方当事人自愿达成协议。对达成协议的，仲裁庭还需制作仲裁调解书。

④裁决阶段。经仲裁庭调解无效或仲裁调解书送达前当事人反悔、调解失败的，劳动争议处理便进入裁决阶段。仲裁庭的裁决要通过召开仲裁会议的形式做出，一般要经过庭审调查、双方辩论和陈述等程序，最后由仲裁员对争议事实进行充分协商，按照少数服从多数的原则做出裁决。仲裁庭做出裁决后应制作仲裁裁决书。当事人对裁决不服的，可在规定时间内向法院起诉。

⑤调解或裁决的执行阶段。仲裁调解书自送达当事人之日起生效；仲裁裁决书在法定起诉期满后生效。生效后的调解或裁决，双方当事人都应该自觉执行。

3. 劳动争议诉讼

劳动争议诉讼是指人民法院按照民事诉讼法的程序，以劳动法规为依据，按照劳动争议案件进行审理的活动。

依照现行法律规定，劳动者主要的法定维权渠道有劳动争议处理程序和劳动保障监察程序。当前两个程序都存在不足之处：一方面，按照劳动争议处理程序解决的，劳动者需出庭举证以及办理比较烦琐的仲裁诉讼手续，劳动者常常由于应诉能力不强，权益得不到应有的保障；另一方面，按照劳动保障监察程序举报投诉，劳动者可以免去出庭应诉之累，成本低，但是由于劳动监察处理该类案件时缺乏司法体系的有力支持，劳动保障监察处理难、执行难现象十分突出。

活动 1

模拟法庭：劳动争议处理

活动描述

近年来，新业态平台经济迅猛发展，出现了各类不同于传统正规就业模式的新就业形态，网约配送员、网约车驾驶员等新就业形态劳动者数量大幅增加。由于平台的用工形式和新就业形态劳动者的就业方式相对灵活，企业用工主体构成和关系复杂，企业用工形式和分配方式多样化，大量新就业形态劳动者难以与企业直接确认劳动关系，其权益保障面临新情况、新问题。

通过模拟法庭，借助学生在活动中扮演角色的过程，使学生能够亲身感受法庭氛围，了解劳动争议处理的相关知识，并在整个庭审过程中真正感受遵法、守法、用法的意义，真正做到“从做中学”。

活动目标

1. 了解劳动相关的法律法规。

2. 做到知法、守法、遵法、用法。

活动流程

准备过程

1. 书面资料准备

（1）选取资料

模拟法庭庭审案例的选择，要贴近生活，贴近劳动过程中可能出现的各种问题，在实践过程中，可以结合学生感兴趣的问题选取合适的法律案例。

（2）材料加工

对庭审材料进行加工，在拟定角色的基础上，将庭审材料按照学生需扮演的角色的不同进行加工，使之成为实践活动开展的“剧本”，为活动开展做好准备。

（3）资料复审

由于法律法规本身具有极高的严肃性，而教师及学生多为非法律工作人员，因此，在模拟法庭材料准备基本成形之后，应请具备一定法律专业知识的人士进行审核，以保证所用材料的严肃性和客观性。

2. 角色分配

以劳动仲裁不成提起民事诉讼的法院审理过程为例，将班级同学分成若干角色，参与庭审人员为 8 人左右，剩余同学作为观众。可抽签决定。

①开庭法院工作人员：一般为 4 人，分别为审判长 1 名、审判员 2 名、书记员 1 名。

②被告：结合案情，为方便实施，一般为 1 人。

③被告代理人：结合案情，为方便实施，一般为 1 人。

④原告：结合案情，为方便实施，一般为 1 人。

⑤原告代理人：结合案情，为方便实施，一般为 1 人。

⑥观众：班级剩余同学。

3. 物资准备

为保证模拟法庭的开庭环境尽可能真实，需提前准备法庭所需用品，包括法院审判厅的基本用品（如桌椅、法槌、法袍等），学生文件夹，以及必要的“证物”等。物资的准备需结合具体法庭案例准备充分。

庭审过程实施

1. 案情预演

在条件允许的情况下，可以由模拟法庭中扮演原告和被告的同学提前以影像的方式预演案件发生的过程，以达到深化认识的目的。

2. 庭审实施

（1）审判长宣读案件基本信息

（2）审判员宣读《法庭纪律》

宣布《法庭纪律》：

①所有到庭人员，要一律听从审判长的指挥，遵守法庭秩序。

②不准喧哗，不准鼓掌，不准吸烟，不准随意走动，关闭通信工具。未经审判长允许不准提问或当庭发言。中途退席应当保持安静。

③未经法庭许可，不准录音、录像和摄影。

④旁听人员不准进入审判区。

⑤不得实施其他妨碍审判活动的行为。

（3）审判过程

在审判长宣布开庭后，进入法庭的庭审过程，过程可以分为：宣布开庭→核对双方当事人和代理人的身份情况→原告陈述事实和理由及其要求→被告陈述事实和理由及其要求→原告举证（阐述自己的证据情况）和质证（针对对方的证据发表意见）→被告举证和质证→法庭辩论（双方对争议点发表自己更详细的意见）→法庭组织调解→宣读判决意见，闭庭。

模拟法庭的设计如图 4-1 所示。

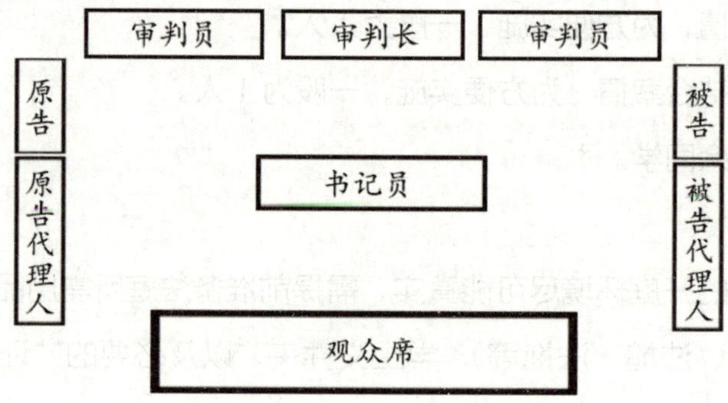

图 4-1　模拟法庭设计图

分享心得体会

同学们根据自己扮演的不同角色谈谈自己的体会，谈谈对维护劳动者合法权益的认识。

活动评价

活动内容	标准	分值	活动评价		
			自评	互评	师评
准备材料	积极主动	30			
模拟法庭实施	认真扮演好自己的角色	40			
分享心得体会	逻辑清晰	30			
合计		100			

活动 2
普法进社区：做知法懂法的劳动者

活动描述

法律与人民的生活息息相关，知法、懂法、守法、用法，维护法律的尊严是每个人的基本要求和应尽的义务。我国作为社会主义国家尤其重视劳动保护体系，在立法、司法、行政等各方面构建了完整的劳动者的权益保护体系，整个社会爱好劳动、尊重劳动和宣传劳动蔚然成风，劳动光荣的理念更是深入人心，劳动关系也更为和谐。

走进社区进行普法宣传活动，让更多人了解劳动者的权利和义务，做知法懂法的劳动者。

活动目标

1. 强化社会责任意识和奉献精神。
2. 进一步加强对劳动者权益保护的相关认知。

活动流程

活动准备

1. 知识准备

学习与劳动者权益相关的法律法规，准备宣传讲稿和相关文案，邀请专业从业人员对文案的专业性进行审核，并对宣传人员进行系统的法律知识培训。

2. 宣传材料准备

制作宣传展板，准备宣传条幅、科普传单、法制电影和视频文件等。

3. 预算资金准备

进行活动预算，并通过拉赞助或者组织捐款等方式募集资金。

4. 联系社区

联系社区提前做好准备工作，确定好宣传场地和宣传时间，注意不要影响居民的正常生活。

5. 人员分工

根据活动安排将班级分成多个小组，如讲座组、视频播放组、法制宣传咨询组、有奖问答组、宣传活动后勤保障及记录组等。同时要注意，除了学生外，至少要有一名法律指导教师或专业从业人员陪同，以便活动更加顺利地进行。

进社区宣传

1. 劳动者权益保护专题法制讲座

法制讲座设置四场，主题分别为“劳动者的权利和义务”“未成年工和女职工的特殊保护”“劳动合同”“劳动争议处理”，每场 1.5 小时，每场由不同学生担任主讲人。

2. 法制电影和视频播放

播放提前准备好的与劳动权益保护相关的电影以及法制节目视频，时间为 2 小时。

3. 法制宣传咨询

讲座与视频播放结束后，在社区内“摆摊”进行法制宣传咨询，时间为 2 小时。

4. 有奖问答

最后，设置有奖问答环节，问题以上述活动中出现的问题为主，答题者通过套圈获取答题机会，答对者可获得相应奖品。

注意事项

①要注意按时到岗，不得无故缺勤或早退，有特殊情况无法参加活动的，要提前向负责人说明情况。

②活动过程中要注意文明礼貌，要有耐心，注意不要影响社区居民的正常生活，注意不要与社区工作人员或社区居民发生冲突。

③不确定或者无法解决的问题要及时联系陪同的指导教师或专业从业人员进行解答，要对作出的回答负责，不可敷衍了事或传递错误的法律知识。

④注意全程记录，拍照和录像的材料要保存好。

总结反思

活动结束后拍照留念，集体返程，返校后进行总结分享。

活动评价

活动内容	标准	分值	活动评价		
			自评	互评	师评
活动准备	准备充分，分工合理	30			
进社区宣传	尽职尽责，文明礼貌	60			
总结反思	积极分享，总结到位	10			
合计		100			

任务二

遵守规范 安全劳动

任务导言

三百六十行，每一行都有不同的质量要求。一套完善并且严格的行业规范是保障质量的必要条件，是行业内部实现管理标准化、操作标准化、产出标准化的重要依据。行业规范的实施、落实，以及行业质量的提升，与每一个从业人员密不可分。与此同时，在生产劳动过程中重视劳动安全也是十分重要的。劳动者应尽量避免劳动事故的发生，并掌握应急事故处理方法与应急逃生知识，安全劳动，安全生产。

目标导航

| 知识目标 |

1. 了解劳动安全与劳动保护的基本内涵。

2. 了解标准化生产的重大意义。

3. 掌握事故类别与事故责任的划分方法。

| 能力目标 |

1. 能够在生产劳动中按规范操作。

2. 能够正确进行安全防护，做到安全生产。

| 素质目标 |

1. 培养“安全意识”，为行业的有序发展助力。

2. 增强自身劳动安全意识，养成在劳动生产过程中自觉注重劳动安全的好习惯。

劳动语录

患生于所忽，祸起于细微。

——刘向

案例导入

让劳动安全的警钟长鸣

2013年7月的一天，某制桶厂涂装车间正在进行废气处理设备的安装，焊工吕某和另一位工人在车间指挥吊车工李某吊起一个3米高的烟筒筒体，准备进行焊接。因筒体比较高大，焊接作业时要将筒体翻身、竖立，为了省事、方便，吕某要求吊车工李某用吊车吊钩将他吊上去。在多次央求后，李某同意将吕某吊到筒体上端的法兰上。过了一会儿，李某看到吕某坐在法兰上一动不动，双手紧握行车吊钩，嘴巴张开，头歪到一边。他意识到吕某可能触电了，忙喊下面的职工拉开电闸。生产组长立即切断电源，吕某从筒体上摔下来，头部落到水泥地面，现场人员立即将他送往医院，但因伤势过重，抢救无效死亡。

事故发生后，事故调查组进行实地勘察分析，认定这是一起设备缺乏必要的维护保养，职工违章冒险作业造成的重大责任事故。造成这起事故有两个直接原因。一是该车间电焊机漏电，而电焊机与烟筒筒体用搭铁连通，电焊机进线与出线碰头。电焊机工作时，由于多次振动，引起两线接触，使出线电位70伏变成对地电位208伏。吕某被吊上去后，坐在筒体法兰上，身体成为导体与吊车导通，产生电流回路，遭受电击死亡。二是严重违章冒险作业。吕某强行要求吊车工李某用吊车吊人作业，严重违反起重机械安全操作规程；吊车工李某不能坚持安全操作规程，对此也负有一定责任。

同时，该厂领导对有关规章制度执行检查不力，设备管理部门对设备管理不善，电工对电气设备检查粗心大意，也给这起事故的发生埋下了隐患。

（资料来源：钢桶包装网搜狐号，2019年10月5日，有删改）

一起劳动安全事故往往由多方面原因引起，结合案例思考引发此次劳动安全事故最主要的原因是什么，并结合相关法律思考此次劳动安全事故该如何解决。

开卷有益

一、劳动安全与劳动保护

（一）安全、危险与事故

安全是指人没有危险，人类整体与生存环境和谐相处，互不伤害，不存在危险的隐患，是免除了使人感觉难受的损害风险的状态。安全是在人类生产过程中，将系统的运行状态对人类的生命、财产、环境可能产生的损害控制在人类不感觉难受的水平以下的状态。

危险是警告词，指某一系统、产品、设备或操作的内部和外部的一种潜在的状态，其可能造成人员伤害、职业病、财产损失、作业环境被破坏，还有一些机械类的危害。

事故，一般是指当事人违反法律法规或由疏忽失误造成的意外死亡、疾病、伤害、损坏或者其他严重损失的情况，如交通事故、生产事故、医疗事故、自伤事故。

（二）劳动安全

劳动安全是指劳动者在生产劳动过程中的安全和健康没有受到威胁，不存在危险、危害的隐患，是免除了不可接受的损害风险的状态。劳动保护是劳动者依法获得的基本劳动权利之一，在生产劳动过程中，劳动者有权要求用人单位提供安全卫生的劳动条件，以保护自身的生命和健康。加强劳动保护，实现安全生产，保护劳动者生命和身体健康，是用人单位应尽的法律义务。国家可以通过制定一系列劳动保护的法律和法规制度，督促用人单位履行法律责任，保障劳动者的劳动安全。

（三）劳动保护的重大意义

在我国，劳动保护具有重大的政治、经济、社会意义，可以从以下三个方面去理解。

劳动保护是我们国家的一项重要政策，也是社会主义企业管理的一项基本原则。劳动人民是国家的主人，劳动者通过自己的劳动为国家创造巨大的物质财富。而国家也把对劳动人民在生产劳动过程中的保护放在重要地位，并制定了一系列法律法规保障劳动者的权益。

劳动保护也是发展社会主义经济的重要条件。社会生产力是由人的因素和物的因素所构成的，而人是生产力中能动性活动的决定性因素。我们要保护和发展生产力，最重要的还是要保护劳动者，保护他们在生产过程中的安全与健康。

劳动保护是影响社会安定的重要因素。在任何时候，出现安全事故，不但会给国家经济带来损失，同时还会给家庭带来极大的不幸，甚至还会给社会带来不安定的因素，造成一定的社会影响。因此，政府要求把劳动保护工作贯穿企业生产劳动的全过程，做到减少和消灭工伤事故，保障劳动者的劳动安全；保证劳动者有适当的休息时间，减轻劳动强度，减少职业危害，实现安全生产和文明生产。

二、标准化生产的重要意义

（一）现代化大生产的必要条件

标准化可以规范社会的生产活动，规范市场行为，引领经济社会发展，推动建立最佳秩序，促进相关产品在技术上的相互协调和配合。随着科学技术的发展，生产的社会化程度越来越高，技术要求越来越复杂，生产协作越来越广泛。许多工业产品和工程建设，往往涉及几十个、几百个甚至上万个企业，协作点遍布世界各地。这样一个复杂的生产组合，客观上要求必须在技术上使生产活动保持高度的统一和协调一致。这就必须通过制定和执行许许多多的技术标准、工作标准和管理标准，使各生产部门和企业内部各生产环节有机地联系起来，以保证生产有条不紊地进行。

（二）科学管理的基础

标准化有利于实现科学管理和提高管理效率。现代生产讲的是效率，效率的内涵是效益。现代企业实行自动化、电算化管理，前提也是标准化。

（三）调整产品结构和产业结构的需要

标准化可以使资源合理利用，可以简化生产技术，可以实现互换组合，为调整产品结构和产业结构创造了条件。

（四）扩大市场的必要手段

生产的目的是消费，生产者要找到消费者就要开发市场。标准化不但为扩大生产规模、满足市场需求提供了可能，也为实施售后服务、扩大竞争创造了条件。需要强调的是，由于生产的社会化程度越来越高，各个国家和地区的经济发展已经同全球经济紧密结成一体，标准和标准化不但为世界一体化的市场开辟了道路，也同样为进入这样的市场设置了门槛。

（五）促进科学技术转化成生产力的平台

科学技术是第一生产力，但是在科学技术没有走出试验室之前，它只在科学技术领域发生影响和作用，是潜在的生产力，还不是现实的生产力。只有通过技术标准提供的统一平台，才能使科学技术迅速快捷地过渡到生产领域，向现实的生产力转化，从而产生应有的经济效益和社会效益。标准化与科技进步有着十分密切的关系，两者相辅相成、互相促进。标准化是科技成果转化为生产力的重要“桥梁”，先进的科技成果可以通过标准化手段，转化为生产力，推动社会的进步。

（六）推动贸易发展的桥梁和纽带

标准化可以增强世界各国的相互沟通和理解，消除技术壁垒，促进国际间的经贸发展，以及科学、技术、文化的交流与合作。当前世界已经被高度发达的信息和贸易连成一体，贸易全球化、市场一体化的趋势不可阻挡，而真正能够在各个国家和各个地区之间起到联结作用的桥梁和纽带就是技术标准。只有全球按照同一标准组织生产和贸易，市场行为才能够在更大的范围和更广阔的领域发挥应有的作用，人类创造的物质财富和精神财富才有可能在全世界范围内为人类所共享。

（七）提高质量和保护安全

标准化有利于稳定和提高产品、工程和服务的质量，促进企业走质量效益型发展道路，增强企业素质，提高企业竞争力，保护人体健康，保障人身和财产安全，保护人类生态环境，促进资源合理利用，维护消费者权益。技术标准是衡量产品质量好坏的主要依据，它不仅对产品性能做出具体的规定，而且还对产品的规格、检验方法及包装、储运条件等相应地做出明确规定。标准的水平标志着产品质量水平，没有高水平的标准，就没有高质量的产品。只有严格地按标准进行生产，按标准进行检验、包装、运输和贮存，产品质量才能得到保证。

三、事故类别划分

在生产劳动过程中，劳动安全事故的产生往往是多种因素综合作用的结果，需要综合治理。从造成劳动安全问题的原因看，劳动事故既有人为的事故，即劳动者由于个人缺乏安全知识和安全意识，操作失误而造成的安全事故，也有因生产环境和安全条件存在安全漏洞而出现的生产事故，还有人为因素和物的因素共同造成的事故。

我国现行国家标准《企业职工伤亡事故分类》（GB 6441—86）中，将事故类别划分成20项，这20项分类如下。

（一）物体打击

物体打击是指失控物体的惯性力造成的人身伤害事故。其适用于落下物、飞来物、滚石、崩块所造成的伤害。林区伐木作业的"回头棒""挂枝"伤害及打桩作业锤击伤害等，都属于此类伤害。但其不包括因爆炸引起的物体打击。

（二）车辆伤害

车辆伤害是指本企业机动车辆引起的机械伤害事故。其适用于机动车辆在行驶中的挤、压、撞车或倾覆等事故，在行驶中上下车、搭乘矿车或放飞车引起的事故，以及车辆运输挂钩事故、跑车事故。机动车辆是指：汽车，如载重汽车、倾卸汽车、大客车、小汽车、客货两用汽车、内燃叉车等；电瓶车，如平板电瓶车、电瓶叉车等；拖拉机，如方向盘式拖拉机、手扶式拖拉机、操纵杆式拖拉机等；有轨车类，如有轨电动车、电瓶机车；挖掘机、推土机、电铲等。

（三）机械伤害

机械伤害是指机械设备与工具引起的绞、辗、碰、割、戳、切等伤害。如工件或刀具飞出伤人，切屑伤人，手或身体被卷入，手或其他部位被刀具碰伤，被转动的机械缠压住等。但其不包括车辆、起重设备造成的伤害。

（四）起重伤害

起重伤害是指从事起重作业时引起的机械伤害事故。其适用于各种起重作业造成的伤害，包括桥式类型起重机（如龙门起重机、缆索起重机等），臂架式起重机（如门座起重机、塔式起重机、悬臂起重机、桅杆起重机等），升降机（如电梯、升船机、货物升降机等），以及轻小型起重设备［如千斤顶、滑车葫芦（手动、气动、电动）等］作业造成的伤害。例如：起重作业时脱钩砸人，钢丝绳断裂抽人，移动吊物撞人，绞入钢丝绳或滑车等伤害。同时其还包括起重设备在使用、安装过程中的倾翻事故及提升设备过卷、蹲罐等事故。其不适用于下列伤害：触电，检修时制动失灵引起的伤害，上下驾驶室时引起的坠落式跌倒。

（五）触电

触电是指电流流经人体，造成生理伤害的事故。其适用于触电、雷击伤害。如人体接触带电的设备金属外壳、裸露的临时线、漏电的手持电动工具造成的伤害，起重设备误触高压线或感应带电造成的伤害，雷击伤害，触电坠落等事故。

（六）淹溺

淹溺是指因大量水经口、鼻进入肺内，造成呼吸道阻塞，发生急性缺氧而窒息死亡的事故。其适用于船舶、排筏、设施在航行、停泊、作业时发生的落水事故。“设施”是指水上、水下各种浮动或固定的建筑、装置、管道、电缆和固定平台。“作业”是指在水域及其岸线进行装卸、勘探、开采、测量、建筑、疏浚、爆破、打捞、救助、捕捞、养殖、潜水、流放木材排除故障以及科学实验和其他水上、水下施工。

（七）灼烫

灼烫是指强酸、强碱溅到身体引起的灼伤，火焰引起的烧伤，高温物体引起的烫伤，以及放射线引起的皮肤损伤等事故。其适用于烧伤、烫伤、化学灼伤、放射性皮肤损伤等伤害，不包括电烧伤以及火灾事故引起的烧伤。

（八）火灾

火灾是指造成人身伤亡的企业火灾事故。其不适用于非企业原因造成的火灾，比如，居民火灾蔓延到企业，此类事故属于消防部门统计的事故。

（九）高处坠落

高处坠落是指由于危险重力势能差引起的伤害事故。其适用于脚手架、平台、陡壁施工等高于地面的坠落，也适用于由地面踏空失足坠入洞、坑、沟、升降口、漏斗等情况，但排除以其他类别为诱发条件的坠落。如高处作业时，因触电失足坠落应定为触电事故，不能按高处坠落划分。

（十）坍塌

坍塌是指建筑物、构筑物、堆置物等倒塌以及土石塌方引起的事故。其适用于因设计或施工不合理而造成的倒塌，以及土方、岩石发生的塌陷事故。如建筑物倒塌，脚手架倒塌，以及挖掘沟、坑、洞时土石的塌方等情况。其不适用于矿山冒顶片帮事故，或因爆炸、爆破引起的坍塌事故。

（十一）冒顶片帮

矿井工作面、巷道侧壁由于支护不当、压力过大而变形、脱落的现象称为片帮，顶板垮落称为冒顶。二者常同时发生，简称为冒顶片帮。其适用于矿山、地下开采、掘进及其他坑道作业发生的坍塌事故。

（十二）透水

透水是指矿山、地下开采或其他坑道作业时，意外水源带来的伤亡事故。其适用于井巷与含水岩层、地下含水带、溶洞或被淹巷道、地面水域相通时，涌水成灾的事故，不适用于地面水害事故。

（十三）放炮

放炮是指施工时，放炮作业造成的伤亡事故。其适用于各种爆破作业，如采石、采矿、采煤、开山、修路、拆除建筑物等工程进行的放炮作业引起的伤亡事故。

（十四）火药爆炸

火药爆炸是指火药与炸药在生产、运输、贮藏的过程中发生的爆炸事故。其适用于火药与炸药生产在配料、运输、贮藏、加工过程中，因震动、明火、摩擦、静电作用，或因炸药的热分解作用，或因存药过多发生的化学性爆炸事故，以及熔炼金属时，废料处理不净，残存火药或炸药引起的爆炸事故。

（十五）瓦斯爆炸

瓦斯爆炸是指可燃性气体瓦斯、煤尘与空气混合形成了浓度达到燃烧极限的混合物，接触火源时，引起的化学性爆炸事故。其主要适用于煤矿，同时也适用于空气不流通，瓦斯、煤尘积聚的场合。

（十六）锅炉爆炸

锅炉爆炸是指锅炉发生的物理性爆炸事故。其适用于以水为介质的蒸汽锅炉事故，但不适用于铁路机车、船舶上的锅炉以及列车电站和船舶电站的锅炉事故。

（十七）容器爆炸

容器是指比较容易发生事故，且事故危害性较大的承受压力载荷的密闭装置。容器爆炸包括压力容器破裂引起的气体爆炸，即物理性爆炸，也包括容器内承装的可燃性液化气，在容器破裂后，立即蒸发，与周围的空气混合形成爆炸性气体混合物，遇到火源时产生的化学爆炸。后者也称容器的二次爆炸。

（十八）其他爆炸

凡不属于上述爆炸的事故均列为其他爆炸事故。例如：

①可燃性气体与空气混合形成的爆炸，如煤气、乙炔、氢气、液化石油气，在通风不

良的条件下形成爆炸性气体混合物，引起的爆炸；

②可燃蒸气与空气混合形成的爆炸性气体混合物，如汽油发挥气引起的爆炸；

③可燃性粉尘，如铝粉、镁粉、锌粉、有机玻璃粉、聚乙烯塑料粉、面粉、谷物淀粉、糖粉、煤尘、木粉，以及可燃性纤维，如麻纤维、棉纤维、醋酸纤维、腈纶纤维、涤纶纤维、维纶纤维等与空气混合形成的爆炸性气体混合物引起的爆炸；

④间接形成的可燃气体（或蒸气）与空气相混合引起的爆炸，例如炉膛爆炸、钢水包爆炸、亚麻粉尘爆炸。

（十九）中毒和窒息

中毒是指人接触有毒物质，如误吃有毒食物、吸入有毒气体引起的人体急性中毒事故；窒息是指在废弃的坑道、竖井、涵洞、地下管道等不通风的地方工作，因为氧气缺乏，突然晕倒，甚至死亡的事故。两种现象合为一体，称为中毒和窒息事故。不适用于病理变化导致的中毒和窒息的事故，也不适用于慢性中毒的职业病导致的死亡。

（二十）其他伤害

凡不属于上述伤害的事故均称为其他伤害。如扭伤、跌伤、冻伤、野兽咬伤、钉子扎伤等。

我国现行标准中进行事故类别划分时，也考虑到了事故往往由多因素导致的现象。划分事故类别时，须参照标准中的起因物和致害物。当多原因共存时，应以先发的、诱导性原因作为分类依据，并在分类时突出事故的专业特征，以保证事故类别划分的统一性和正确性。如：

①以起因物作为事故类别划分的依据。例如，压力容器因化学反应失控产生了爆炸并溢散出大量有毒气体，造成多人中毒的伤亡事故，起因物是压力容器，致害物是有毒气体，按致害物划分该事故应定为中毒事故，按起因物划分该事故应定为容器爆炸事故。此例如按中毒采取事故预防措施显然是不适宜的；若按容器爆炸采取相应措施，就有利于事故的控制。又如，爆炸事故中，因碎片的撞击引起人身伤害，按致害物划分应定为物体打击事故，若按起因物应划定为爆炸事故。按本条原则划定就可以派生出凡因爆炸而发生的物体打击事故均定为爆炸事故。

②当几个主要原因同时存在时，以先发的诱导性原因（即这一原因撤掉，其他原因的作用就不复存在）作为分类的依据。如，某化工厂失火，烧掉了部分厂房和设备，而且引

燃了化学物品，产生了大量有毒气体，使多人中毒伤亡，造成伤亡的主要原因是中毒和火灾。对整个事故而言，火灾是诱发性原因，没有火灾就不会引燃化学物品。按本条款规定，该事故应定为火灾事故。又如，某施工队砌筑高大工业烟囱，因附属设施坍塌，多人高处坠落，造成重大人身伤亡事故。造成事故的原因是高处坠落或坍塌。因为坍塌是诱发性原因，没有坍塌作业前提，就不会产生高处坠落事故，该事故应定为坍塌事故。

③突出事故类别的专业特征。如操作机床时，未使用安全扳手，卡盘夹紧后，未取下扳手即开车，结果扳手飞出伤人。该事故如按致害物可定为物体打击，而按起因物机械设备划分，则更能突出事故的专业特征，故应定为机械伤害。如机械设备属于起重设备，按本条原则，该事故应定为起重伤害。

知识链接

安全生产“红”七条

1. 意识红线

严禁安全设施未经验收，主体工程投入使用；严禁环评未验收，主体工程投入使用；严禁消防设施未通过验收，主体工程投入使用；严禁项目未签合同开工；严禁与资质不符的单位签订合同；严禁先上岗后取证。

2. 运行人员红线

严禁无票操作；严禁擅自解除设备联锁保护；严禁安全措施未执行完毕发出工作票；严禁未履行押票手续试运设备；严禁进入状态不明的危险区域；严禁未经检查、预警启动设备；严禁约时停送电；严禁无措施、无方案进行重大操作。

3. 各级安全生产第一责任人职责红线

必须健全落实安全生产责任制；必须保证安全生产有效投入；必须保障职工职业健康；必须建立健全隐患排查治理制度；必须保证公司主要负责人、安全管理人员、特种作业人员持证上岗；必须组织制定、实施安全生产事故应急救援预案。

4. 设备管理人员红线

严禁未经审批擅自修改逻辑及保护定值；严禁未经审批擅自退出热控、电气保护；严禁未经审批强制运行参数；严禁擅自变更计划检修项目；严禁检修项目验收缺位；严禁无措施、方案组织危险作业；严禁非运行人员操作运行设备；严禁点检人员进行现场检修工作。

5. 检修人员红线

严禁无票作业；严禁擅自操作运行设备；严禁未经允许以试代修；严禁高处作业不按规定使用安全带、安全绳、安全网；严禁封闭空间作业无人监护；严禁非工作班成员在危险作业区域逗留；严禁交叉作业无防护隔离措施；严禁使用无检验标签的起重设备；严禁擅自拆除、翻越检修围栏；严禁擅自变更检修安全措施。

6. 高危作业人员红线

严禁高危作业未经许可擅自开工；严禁使用未验收的脚手架；严禁从事高温作业不穿防烫服；严禁吊装区域不进行严密隔离、封闭；严禁无安全交底开展检修工作；严禁仓壁上积粉、积煤未清除前进入仓内作业；严禁进入未经空气合格检测的封闭空间。

7. 交通红线

严禁无驾照、无从业资格证人员驾车；严禁酒后驾车、疲劳行车；严禁超员、超载、超速行驶；严禁乘客携带易燃、易爆危险品乘车；严禁通过无人看守铁路道口时与火车抢道；严禁大雨雪天道路和涉水后高速行驶；严禁运灰驾驶员独自支起液压修车。

四、事故责任划分

《中华人民共和国安全生产法》第十六条明确规定：国家实行生产安全事故责任追究制度，依照本法和有关法律、法规的规定，追究生产安全事故责任人员的法律责任。

事故责任人员分为直接责任者、主要责任者和领导责任者。直接责任者是指其行为与事故的发生有直接关系的人员；主要责任者是指对事故的发生起主要作用的人员；领导责任者是指对事故的发生负有领导责任的人员。

有下列情况之一时，应由肇事者或有关人员负直接责任或主要责任：①违章指挥或违章作业、冒险作业造成事故的；②违反安全生产责任制和操作规程，造成伤亡事故的；③违反劳动纪律、擅自开动机械设备或擅自更改、拆除、毁坏、挪用安全装置和设备，造成事故的。

有下列情况之一时，有关领导应负领导责任：①由于安全生产责任制、安全生产规章和操作规程不健全，职工无章可循，造成伤亡事故的；②未按规定对职工进行安全教育和技术培训，或职工未经考试合格上岗操作造成伤亡事故的；③机械设备超过检修期限或超负荷运行，或因设备有缺陷又不采取措施，造成伤亡事故的；④作业环境不安全，又未采取措施，造成伤亡事故的；⑤新建、改建、扩建工程项目的尘毒治理和安全设施不与主体工程同时设计、同时施工、同时投入生产和使用，造成伤亡事故的。

根据事故责任的大小，对事故责任者进行不同程度的处罚，处罚的形式有行政处罚、经济处罚和刑事处罚。

五、职业健康

2001 年 10 月 27 日，第九届全国人民代表大会常务委员会第二十四次会议通过《中华人民共和国职业病防治法》，经过 2011 年、2016 年、2017 年和 2018 年四次修订，其成为一部较为完善的预防、控制和消除职业病危害，防治职业病，保护劳动者健康及其相关权益的法律。

《中华人民共和国职业病防治法》第三十四条规定："用人单位的主要负责人和职业卫生管理人员应当接受职业卫生培训，遵守职业病防治法律、法规，依法组织本单位的职业病防治工作。用人单位应当对劳动者进行上岗前的职业卫生培训和在岗期间的定期职业卫生培训，普及职业卫生知识，督促劳动者遵守职业病防治法律、法规、规章和操作规程，指导劳动者正确使用职业病防护设备和个人使用的职业病防护用品。劳动者应当学习和掌握相关的职业卫生知识，增强职业病防范意识，遵守职业病防治法律、法规、规章和操作规程，正确使用、维护职业病防护设备和个人使用的职业病防护用品，发现职业病危害事故隐患应当及时报告。"

《中华人民共和国职业病防治法》第三十九条规定，劳动者享有下列职业卫生保护权利："①获得职业卫生教育、培训；②获得职业健康检查、职业病诊疗、康复等职业病防治服务；③了解工作场所产生或者可能产生的职业病危害因素、危害后果和应当采取的职业病防护措施；④要求用人单位提供符合防治职业病要求的职业病防护设施和个人使用的职业病防护用品，改善工作条件；⑤对违反职业病防治法律、法规以及危及生命健康的行为提出批评、检举和控告；⑥拒绝违章指挥和强令进行没有职业病防护措施的作业；⑦参与用人单位职业卫生工作的民主管理，对职业病防治工作提出意见和建议。"

六、劳动安全常识

（一）安全色与安全标志的识别

安全色和安全标志是在特定工作环境中，为了提醒劳动者做好防护而设置的。每一种安全色、每一个安全标志都具有特定的含义，需要我们正确识别。

1. 安全色

按照我国安全色标准规定，安全色有红色、蓝色、黄色、绿色四种。①红色表示禁止、停止，用于禁止标志，以及停止信号如机器设备上的紧急停止手柄或按钮及禁止触动的部位等，有时也用于防火。②蓝色表示指令，必须遵守。③黄色表示警告和注意，用于厂内危险机器和警戒线、行车道中线及安全帽等。④绿色表示提示，安全状态或可以通行，用于车间内的安全通道、行人和车辆通行标志，以及消防设备和其他安全防护设备等。

2. 安全标志

安全标志分为禁止标志、指令标志、警告标志和提示标志四类。安全标志牌应放在醒目的地方。

（1）禁止标志

禁止标志提示人们禁止某种行为，其基本形式为带斜线的圆形框，圆环和斜线为红色，图形符号为黑色，衬底为白色，如图 4-2 所示。

图 4–2 禁止标志

（2）指令标志

指令标志提示人们必须做出某种动作或采用防范措施。其基本形式是圆形边框，图形符号为白色，衬底为蓝色，如图 4–3 所示。

必须穿救生衣

必须穿防护服

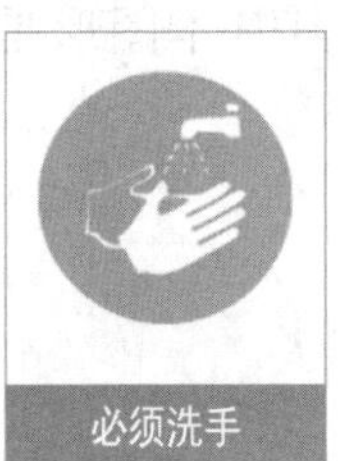

图 4–3 指令标志

（3）警告标志

警告标志提醒人们对周遭环境引起注意，以避免可能发生的危险，其基本形式为正三角形边框，三角形边框及图形符号为是黑色，衬底为黄色，如图 4–4 所示。

图 4–4 警告标志

（4）提示标志

提示标志向人们提供某种信息，如标明安全设施或场所，其基本图形是正方形边框，图形符号为白色，衬底为绿色，如图 4–5 所示。

图 4-5 提示标志

（二）个人防护用品相关知识及使用方法

个人防护用品知识对于预防事故伤害和减少职业危害具有重要意义。为了提高劳动安全意识，我们不仅要了解劳动岗位需要什么样的劳动保护用品，还要了解个人防护用品的正确佩戴和使用方法。

按人体防护部位，可将个人防护用品分成 9 类，如表 4-1 所示。

表 4-1 个人防护用品及其使用

个人防护用品类型	举例	作用及使用要求
头部防护用品	安全帽、防寒帽	为了防御头部受外来物体打击，安全帽要有合格的帽子、帽带，戴帽时必须系好帽带；帽内缓冲衬垫的带子要结实，人的头顶与帽内顶部间隔不能小于 32 毫米；每次使用前应认真检查安全帽，若发现有破损情况，要立即更换。进入施工现场，必须戴好安全帽
呼吸器官防护用品	防毒面罩、防毒面具	防护有害气体从呼吸道进入人体，或直接向使用者供氧及提供新鲜空气。其中，防尘口罩和防尘面罩可有效防止粉尘的吸入，而防毒面具则可防止有毒气体、蒸汽、毒烟等的吸入。使用防毒面具要注意正确选择防毒滤料

续表

个人防护用品类型	举例	作用及使用要求
眼面部防护用品	焊接护目镜及面罩，炉窑（红外线、紫外线）护目镜和防冲击眼护具	用于预防烟、尘、火花、飞屑、化学品飞溅等伤害眼睛或面部
听觉器官防护用品	耳塞、耳罩和防噪声头盔	预防噪声对人体的不良伤害
手部防护用品	一般防护手套、防酸碱手套、防寒手套、绝缘手套	在不适合以手直接接触机械、机具、液体以及可能导致手部受伤的情况下，必须戴合适的手套。手套要与手型相符合，防止手套因过长而被卷入机器。操作各类机床或在有被压挤危险的地方作业时，严禁戴手套
足部防护用品	防水鞋、防静电鞋、防酸碱鞋、电绝缘鞋	防止劳动中有害物质或外逸能量损伤劳动者的足部
防护服	一般防护服、防水服、防寒服、阻燃服、防电磁辐射服	用于保护劳动者免受生产环境中的物理、化学、生物等因素的伤害
护肤用品	遮光型护肤剂、清洁型护肤剂、趋避型护肤剂	防止皮肤外露部分（面、手）受到化学、物理等因素的危害，主要是防晒、防射线、防油、防酸、防碱等
防坠落用品	安全带、安全网	防止作业人员从高处坠落

个人防护用品的使用注意事项：第一，要根据作业场所的危害因素及其危害程度，正确选用防护用品；第二，要通过教育培训，做到“三会”，即会检查防护用品的安全可靠性，会正确使用防护用品，会维护保养防护用品；第三，严禁故意或无故弃用防护用品，确保个人防护用品状况良好，如有损坏，应立即向管理人员报告，及时更换；第四，用于急救的呼吸器要定期检查，确保有效，同时，应将其妥善存放在可能发生事故的邻近处，以便取用。

活动 1

技能竞赛：安全生产我能行

活动描述

安全生产是我们党和国家在生产建设中一贯坚持的指导思想，是我国的一项重要政策，是社会主义精神文明建设的主要内容。在社会主义国家里，国家利益和人民利益在根本上是一致的，人民的需要最重要的莫过于保障生存和健康的需要。

以“安全生产我能行”为主题开展技能竞赛，提高全体学生的安全意识，消除安全隐患和事故苗头。

活动目标

1. 掌握安全生产知识，正确处理突发事故。

2. 掌握规范生产操作步骤。

活动流程

安全生产技能练习

班级分为若干小组，每组 4 ~ 6 人，各组自行组织安全生产技能练习，注意操作规范与练习安全。

参与竞赛

竞赛共分为三场，分别为知识竞赛、操作规范竞赛、应急处置竞赛。每场竞赛一百分。每场成绩大于九十分，且总分排名前三的才为技能竞赛的前三名。

1. 知识竞赛

【知识竞赛试题示范】

（1）判断题

①安全生产是指在劳动生产过程中消除可能导致人员伤亡、职业危害或设备和财产损

失的因素，保障人身安全、健康安全和资产安全。

② 三不伤害就是：不伤害自己、不伤害他人、不被他人伤害。

③ 根据分析，造成事故的人为因素主要是违章操作和违反劳动纪律两方面。

④ 在生产过程中，穿拖鞋、凉鞋、高跟鞋，系围巾，以及留长发辫而又不将其放入工作帽内的行为属于违章行为。

⑤ 在生产过程中，发现安全防护装置对操作带来不方便，可以不用或者拆除。

（2）单项选择题

① 我国安全生产法律体系的核心是（　）。

A. 宪法　　B. 矿山安全法　　C. 安全生产法　　D. 劳动法

②《安全生产法》规定：从业人员发现事故隐患或者其他不安全因素，应当（　）向现场安全生产管理人员或者本单位负责人报告，接到报告的人员应及时予以处理。

A. 1 小时　　B. 立即　　C. 24 小时　　D. 12 小时

③ 四种防火的基本措施是：消除着火源、（　）、隔绝空气、阻止火势爆炸波的蔓延。

A. 控制火源　　B. 控制可燃物　　C. 控制火势的蔓延　　D. 掩埋沙土

④ 干粉灭火器不适宜扑灭（　）火灾。

A. 液体　　B. 气体　　C. 电气　　D. 金属

⑤ 为了保证安全作业，在机器设计中，应使操纵速度（　）人的反应速度。

A. 大致等于　　B. 低于　　C. 高于　　D. 远远高于

2. 操作规范竞赛

根据专业性质设置生产实践操作规范竞赛，邀请企业生产一线的工人担任评委，赛后对学生进行专业指导。

3. 应急处置竞赛

设置突发事故情境，考验学生的应急处理能力。此项竞赛要有专业指导老师在一旁观看和指导，避免发生意外事故。

总结分享

竞赛结束后，小组交流分享，针对竞赛中出现的问题进行反思。竞赛前三名的同学分享自己的学习经验。

活动评价

活动内容	标准	分值	活动评价		
			自评	互评	师评
知识竞赛	了解并掌握安全生产知识	30			
操作规范竞赛	规范操作	30			
应急处置竞赛	能正确应对突发事故	40			
合计		100			

活动 2

逃生演练：火场逃生自救

活动描述

安全是人类最重要、最基本的需求，是人的生命与健康的基本保证。安全生产事关人民福祉，事关经济社会发展大局。

为了提高学生的消防意识、自我保护意识以及在火灾中的逃生疏散技巧，举行一次模拟火灾逃生演练。

活动目标

1. 掌握火灾逃生的技巧和知识，提高应急反应能力和自救互助能力。
2. 培养团结互助的品德。

活动流程

演练准备

熟悉应急避险的正确方法，学习火灾逃生的自我保护知识。

全班分为若干小组，每组 6 ~ 8 人，选出一名小组长。以小组为单位进行疏散练习，熟悉疏散路线，进行自救逃生练习。

练习过程中要做到：遇事不慌，沉着冷静；判明情况，思考对策；积极自救，互帮互助；听从指挥，有序疏散。

演练前对疏散路线必经之处和到达的“安全地带”进行实地仔细检查，对存在的问题及时进行整改，消除障碍和隐患，确保路线畅通、安全。

演练要求

①不要惊慌，听从组长指挥，服从安排。

②保持安静，外出逃生时用毛巾、衣袖等捂住口鼻，降低身体高度，严禁推拉、冲撞、拥挤。

③按规定路线疏散。

④疏散时组长指定一名人员在最前面，组长在最后面，单队列逃生，组长要安排好对生病成员和行动不便成员的帮助。

演练程序

①指导教师发出逃生信号。

②班级靠前后门的两名学生立即把门打开，指导教师迅速将各组学生分成两部分并指挥同学们分别从前后两门有序离开，小组长要负责组织好本组成员，教师跟在学生队伍最后出门。

③学生有秩序地从教室撤离，并按照预定的疏散路线迅速撤离到事先指定的地点，各小组长负责清点自己组内的人数，并上报给班长，班长上报给指导教师。

④由指导教师对学生进行安全教育。

⑤宣布险情解除，学生按小组有秩序地返回教室。

活动总结

各小组就此次逃生演练活动进行总结，最后由小组长在班级分享会上进行汇报。

活动评价

活动内容	标准	分值	活动评价		
			自评	互评	师评
演练准备	准备充分，互帮互助	40			
演练程序	沉着冷静，顺利逃生	60			
合计		100			

任务三

诚实守信　勤俭节约

任务导言

诚实守信和勤俭节约是中华民族的传统美德，是每个劳动者应该具备的优良品质。劳动者只有通过诚信的劳动才能改变自己的命运，也只有具备诚信的品质才能真正体会生活的意义，获得他人发自内心的尊重。劳动者诚信劳动是对他人负责、对社会负责，更是对自己负责。勤俭节约不仅是过去艰苦岁月的要求，也是当代社会的要求，铺张浪费则背离优良传统文化。勤俭节约永远不会过时并且每个劳动者应当持之以恒。

目标导航

知识目标

1. 深刻理解诚信劳动的内涵与价值。

2. 掌握勤俭节约的重要意义。

能力目标

1. 增强职业技能，学会诚信劳动。

2. 能够珍惜劳动成果，养成良好的消费习惯，杜绝浪费。

素质目标

1. 培育诚信劳动的自觉，把个人劳动与履行社会责任结合起来。

2. 形成勤俭节约的良好品质。

劳动语录

历览前贤国与家，成由勤俭破由奢。

——李商隐

案例导入

白秀芹：艰难困苦中仍坚守诚信

她，是黑龙江省齐齐哈尔市泰来县江桥蒙古族镇艾伦村哈木台屯的一位普通农民。从2012年开始，为偿还给儿子治病欠下的数十万元外债，她自强自立，凭借自己的双手成功脱贫，并还清了大部分欠债。她就是“社会诚信之星”白秀芹。

2012年，白秀芹的儿子被查出患有心脏病。她带着儿子踏上了漫长的求医路，操碎心、跑断腿，为儿子看病花销近40万元，欠下巨额外债。2017年，儿子病故。面对无法改变的事实，白秀芹没有向命运低头，在艰难中继续前行，不屈不挠地同厄运做抗争。

当年，村两委得知她为儿子看病还需要大额的医疗费用，全力动员镇村干部、社会各界人士及群众捐款，共筹资12万元。但不幸的是，儿子还没来得及用上这笔钱就离开了人世，白秀芹决定把各界爱心人士所捐赠的12万元钱如数返还。“当时，儿子没了，我就想这笔钱是大家给儿子的救命钱，我不能拿着这份‘爱心’还了自己的欠债。既然用不上了，那我得还给人家，不能让大家替我还债，凉了大家的心。”之后，她又卖掉了家中三间砖瓦房，并将自家的耕地一次性对外流转6年，所得钱款全部用来偿还欠下的债务。可即使变卖了所有家产还是有许多未偿还的债，针对这些债务，她制订了详细的还款计划并向债权人作出了承诺：“三年之内，我一定通过自己的努力偿清所有的债务。”

白秀芹用实际行动诠释着诚信人性的真善美。她说：“我没啥文化，但我懂，做人要知恩感恩，自强自立，做事也要信守承诺，踏踏实实。”她是这样说的，也是这样做的。

（资料来源：人民网－黑龙江频道，2022年3月23日，有删改）

白秀芹为了心中的承诺和对未来生活的希冀，在脱贫攻坚政策指引下，辛勤努力着。谈一谈你对白秀芹在艰难困苦中仍坚守诚信的行为的理解。

开卷有益

一、诚实守信

一个人只有通过诚信劳动，才能为社会创造物质财富与精神财富，才能得到他人和社会的认可与褒奖。与此同时，实现人生价值目标而产生的幸福感和愉悦感，会进一步激发劳动者的创造激情，从而使劳动者为社会和他人创造更为丰富的财富。

（一）诚信是最基本的职业道德规范

道德规范是社会规范的一种形式，逐渐形成于生活和生产实践活动中，是对人们的道德行为和道德关系的普遍规律的概括和反映。

1. 诚信即遵守社会规范

诚信是社会生活中个人与个人、个人与社会、组织与组织之间都必须具有的能促进社会健康和可持续发展的一种社会道德和必须遵守的规则。诚信是一种观念、意志和品质，存在于特定的社会关系中并借助于这种关系表现出来；是一种行为规范，植根于人类生产劳动和生活劳动的各个角落；是具有明显社会性和实践性的道德实践活动，能调节人们之间的利益关系，帮助人类建立和维护良好的社会秩序。

诚信是为人处世的基本准则，是职业道德的基本要求，是社会赖以生存和发展的基石。“诚”即诚实无欺、诚实做人、诚实做事、实事求是，是指个体真诚的内在道德品质；“信”即有信用、讲信誉、守信义、不虚假，是内在诚实的外化。诚实、守信是联系在一起的，诚实是守信的基础，守信是诚实的具体表现；不诚实很难做到守信，不守信也很难说是真正的诚实。

当今社会，随着经济的转轨、社会的转型、多元文化价值观的冲击以及信息技术的高速发展，作为一般的社会道德规范，诚信对个人、企业和政府来说都尤为重要。个人诚信才能立足社会，赢得尊重，获得友谊，通往成功；企业诚信才能从义中取利，获得持续竞争力，赢取市场；政府诚信才能取信于民，治国安邦。

2. 诚信劳动即遵守劳动中的规则

劳动具有规范性。无论是生产劳动还是生活劳动都要讲诚信，遵守规则或规范，这是社会道德和职业道德的最基本要求。诚信地劳动要求劳动者在劳动过程中遵守劳动规则、规定和规范，履行个人或岗位职责，合理合法地劳动。劳动中的诚信既表现在个人的观念、意志和品质上，又表现在劳动的行为规范上。由此，可以将诚信劳动定义为在生产劳动和生活劳动中，始终把诚信作为根本准则——在个人品质上，树立诚信的观念，秉持诚信的意志和品质；在行为规范上，实事求是，谨慎许诺，言行一致，信守承诺，严格遵守规范，认真履行职责，知错能改，并勇于承担责任。

劳动中的诚信主要体现在三个层面：①对劳动过程中所涉及的他人、团体和组织讲诚信，如在服务劳动中，要对自己服务的客户讲诚信，实话实说，言而有信；②在劳动过程中讲诚信，包括在劳动材料的选用、操作工序的遵守和操作技能的掌握等方面，杜绝偷工减料、欺诈等失信行为；③对劳动成果讲诚信，注重质量，反对假冒伪劣、窃取他人劳动成果等不诚信行为。

诚信劳动中的劳动主要包括日常的生活劳动和生产劳动两个方面。在日常的生活劳动中，讲诚信就是要做到自己的事情自己做，且要保质保量地完成任务。在生产劳动中，诚信劳动体现为严守规范、认真踏实、一丝不苟、精益求精的工匠精神。具体来说，就是始终保持严谨认真的劳动态度，杜绝投机取巧的行为。在劳动过程中，从业者对每件产品、每道工序都凝神聚力、精益求精，即使已经做得很好了，还要做得更好。在劳动成果上，应执着追求产品的尽善尽美及质量的精益求精。

各行各业的劳动者，都要诚信地劳动，严格遵守劳动安全和技术操作规程。

（二）诚信劳动是个体获得劳动成功的基石

人类的劳动存在于一定的社会关系中，通过人与人之间的合作来实现，这种合作需要诚信去维持和巩固。因此，诚信是劳动中最基本也是最重要的态度、习惯和素养之一。对于个体而言，诚信劳动是个体在职场生存和发展的基石。

1. 诚信是职场交往的基本准则

诚信是立身处世、社会交往的基本原则。人的社会性体现在人际交往上，而诚信作为一种社会道德规范，是人际交往的基础。诚信是一个人首先应具备的品质，没有诚信，个人在社会上将寸步难行。诚信是交友之道，是处理人际关系的纽带，只有思想、品行端正，才会获得他人的尊重和信任，才能建立良好的社会关系，在职场中站稳脚跟，从而获得个人全面而自由的发展。

2. 诚信劳动是个体获得职业发展的基石

诚信不仅是个体做人、做事和处世的信条，还是立足职场的基本准则、成就事业的基石、通达行事的凭证、实现自我价值的保障。成功人士必备的品质包括诚信、坚韧、顽强、执着和勤奋等。其中，诚信是第一位的，是建立个人口碑的关键，是职业发展的助推器。诚信劳动会使人获得更多的发展和晋升机会。

拓展阅读

树立诚信品质　担当社会责任

1983年，20岁的李江福，进入建筑行业。在工作生涯中，他先后参与了南水北调移民迁建、黄河滩区移民搬迁等一大批重点建设项目。长期以来，他忠诚践使命、诚信树担当，先后获得“全国诚实守信模范”“全国劳动模范”“全国建设系统劳动模范”“河南省优秀共产党员”等称号。

作为建筑业企业负责人，如何让工程质量过硬、让业主信得过，成为摆在李江福面前的大事。每次项目开工前，他都严格要求工人按规范操作，绝不偷工减料，绝不建“豆腐渣工程”。2005年，在某高校行政办公楼项目施工过程中，他发现填充墙砌体的砂浆标号偏低，于是对施工人员说：“盖楼和做人一样，一定要讲信誉、讲诚信，要对得起自己的良心！”在他的坚持下，已经砌好的墙被全部拆除重砌，尽管损失了5万余元的工料费，但换回的是省建设行业工程质量最高奖——“中州杯”。

后来，李江福决定，在建设每一幢楼时，先建样板间，项目建设按照样板间的质量要求施工，大家可以随时对工程质量提出异议。

2014年4月，公司项目部承接了某院校近2万平方米的建设工作。由于工期紧，他把汽车当作办公室与宿舍，白天坚守现场进行指挥，晚上进行项目督查，每天平均休息不到4个小时，2个月的时间里在施工现场先后晕倒了4次。经过昼夜奋战，项目主体工程封顶仅用了70天。施工后期，一连十多天的连绵阴雨，导致外墙面砖无法粘贴。为确保工期，李江福协调项目部购买防雨布，将楼房的四周及屋面全部围起来，进行封闭施工。9月底，项目顺利通过验收，并被评为优质工程。而心系项目建设无暇治病的李江福，由于病情加重，不得不住院治疗。

随着公司人员队伍的发展壮大，李江福在公司建立了党员教育基地、诚信学校、职工书屋，打造了“诚信柱”，在每个工地建立了诚信课堂、职工之家，与每位农民工签订诚信责任书，带头践行诚信理念。近年来，他先后到北京、天津、广东等十几个省市宣讲诚信故事200多场次，听众达10多万人。

重质量、守信用。李江福所在的河南新城建设有限公司先后被授予全国五一劳动奖状、全国工人先锋号称号；连续7年被评为全国安康杯竞赛优胜企业，连续19年获得省建筑施工先进企业、省守合同重信用企业等荣誉称号，被省住房和城乡建设厅列为重点培育企业。

李江福表示，将深深扎根中原大地，让诚信理念融入工作和人生，勇攀高峰、行稳致远，不断为省建筑业高质量发展添砖加瓦。

（资料来源：人民资讯百家号，2021年6月18日，有删改）

（三）诚信劳动应遵守的基本准则

1. 实事求是地承诺

诚信也就是实事求是。我们在劳动中绝不能把诺言当成戏言，必须经过慎重考虑，根据自身的能力和水平，谨慎承诺，实事求是地承诺，否则，不仅自己的名誉和信用受损，还会引起他人的不满。要做到实事求是地承诺，首先要正确地认识自己，客观评价自己的能力和外在条件，切忌未经思考就轻易承诺；其次要适度承诺，承诺的内容要具有可行性和可操作性；最后要讲究承诺的策略，眼光长远，说话要给自己留有余地。

2. 遵守劳动规范

诚信劳动不仅是一种态度，更是一种实实在在的行动，并贯穿于整个劳动过程的始末，体现在实践中就是遵守劳动规范。生产劳动中履行承诺就是指严格遵守企业规范和标准，不折不扣地执行岗位职责。任何的马虎或疏忽都会引发“木桶效应”，影响整体的劳动进程、产品质量、个人声誉和职业发展。

知识链接

木桶效应

木桶效应是由美国管理学家彼得（Peter）提出的，是指由多块木板构成的木桶，其价值在于盛水量的多少，但是决定盛水量的关键因素不是最长的木板，而是最短的木板。若想增加木桶的盛水量只有换掉短板或者将其加长。在劳动中执行劳动规范时，往往是操作不当的环节决定着整体的劳动质量和效果。只有诚信地劳动，一丝不苟地遵守操作规范，丝毫不打折扣，才能立足职场，取得成就。

3. 执着追求高质量的劳动成果

诚信劳动关键是看实效，体现在劳动中，即追求高质量的劳动成果。高质量地完成劳动既能彰显个人能力，又能体现出个体的劳动态度和素质。首先要对自己高标准、高要求，坚决杜绝随意糊弄、弄虚作假、指鹿为马的现象发生。其次，还要有执着的精神和坚持不懈的毅力。在追求高质量劳动成果的过程中会出现各种难题和阻力，这时不能轻言放弃，否则会前功尽弃。

4. 勇于承担劳动责任

对人守信，对事负责，是诚信劳动的基本要求。诚信意味着责任，恪守诚信落实到具体的劳动中，就要求踏踏实实做好自己的事，并敢于对劳动负责，不推卸责任。首先，要树立负责任的观念，以认真负责的态度去劳动；其次，要做好分内事，承担应该承担的任务，完成自己的使命；最后，还要诚恳地面对失误和问题，敢于承担责任，知错能改，并寻找补救的方法。

二、勤俭节约

“一粥一饭，当思来处不易；半丝半缕，恒念物力维艰。”勤俭节约，是中华民族的传统美德。在古代，勤俭节约常与社稷兴衰相联系。据《二十四史·晋书》，晋武帝时期，曾任御史中丞的傅玄看到时俗非常奢侈，便上书朝廷说，粮食和绢帛的生产很不容易，人们不注意节约，必然会出现断粮缺绢的时候。傅玄还表示：“奢侈之费，甚于天灾。”到了社会经济较为发达的唐代，勤俭节约的观念依然受到提倡。李绅从“四海无闲田”的丰收景象里看到“农夫犹饿死”的残酷现实；将“盘中餐”的粒粒粮食与农民在烈日之下的汗水联系在一起，凝成了“粒粒皆辛苦”的名句，使那些不知珍惜粮食的人受到教育。“历览前贤国与家，成由勤俭破由奢。”李商隐在《咏史》中告诫当朝者应勤俭爱民。他纵贯历史长河，从前贤治国理家事件中，得出经验教训：勤俭节约与奢侈浪费为家国兴亡之关键。

美好的生活是所有劳动者共同创造的，对于个人而言，我们在享受他人的劳动成果的同时，也应合理使用和珍惜其劳动成果。勤俭节约是珍惜他人劳动成果的重要途径。中华民族经历了从站起来、富起来到强起来的艰苦奋斗历程，但戒奢以俭的道理并未过时。我们要继续弘扬艰苦奋斗、勤俭节约的优秀传统，自觉养成勤俭节约的习惯，在全社会营造浪费可耻、节约为荣的氛围，把弘扬节约美德作为提高社会文明程度的重要内容。

（一）勤俭节约在新时代的重要意义

进入新时代，中国社会的主要矛盾已经转为人民日益增长的美好生活需要和不平衡不充分的发展之间的矛盾。在我国稳定解决了十几亿人的温饱问题，总体上实现小康以后，是否还要继承中华民族传统美德，坚持勤俭节约的方针？答案应该是肯定的。我国社会主要矛盾发生了变化，但仍处于并将长期处于社会主义初级阶段的基本国情没有变，我国是世界上最大发展中国家的国际地位没有变。勤俭节约是我国要长期坚持的方针。继承勤俭节约的中华民族传统美德，加强对青少年的消费观教育，是完全必要的，并且具有现实的迫切性。

我国有十四亿多人口，土地资源相对不足，从中长期看我国的粮食产需仍将维持紧平衡态势。“民以食为天”，粮食安全问题是国家发展战略中的重大问题，决不能掉以轻心，必须把粮食安全放在突出位置。而要培养节约粮食的习惯，必须从小开始进行勤俭节约的消费观教育。中华民族传统美德永远不能丢，勤俭节约教育要建立长效机制。

总之，勤俭节约作为中华民族的传统美德，在当代中国社会发展中依然有着重要的价值。

拓展阅读

龚全珍：让节俭一代代传承下去

38岁的金峰至今都清楚记得，小时候自己吃饭掉饭粒，外婆会捡起来吃掉。

“从此吃饭就会很小心，不再掉饭粒，也会把碗里的饭吃干净。”金峰说，外婆通过这样的方式让自己懂得了勤俭节约，自己现在也这样教育两个孩子。

金锋的外婆就是全国道德模范龚全珍。1957年8月，34岁的龚全珍随同丈夫、时任新疆军区后勤部长的开国少将甘祖昌来到将军故乡江西省莲花县坊楼镇沿背村定居。

来到莲花县后，龚全珍一直过着勤俭节约的生活。据报道，当时甘祖昌将军每月工资330元，生活却十分节俭，把大部分工资用来支援农村建设。龚全珍全力配合，也把工资交由丈夫支配。回到莲花县头几年，她没有做一件新衣服。

“我们小时候，其实家里经济条件挺好的，但是爸爸妈妈穿的衣服都有好大的补丁。”甘公荣说，20世纪70年代，过年时，小伙伴都有新衣服穿，虽然家庭经济条件好，但自己从来没有新衣服，家里资助别人时却很大方，开始不理解，还曾认为自己不是父母亲生的，时间久了，也就慢慢习惯，觉得旧衣服只要洗干净，穿着也挺舒服。

如今，九十多岁高龄的龚全珍生活依旧简朴。一次，她的学生满娇来家里看望老师，见到老人家的衣服太旧了，就说：“我给您买一套新衣服吧。”龚全珍马上制止，说这些衣服还能穿，叮嘱学生千万别买。

从新疆军区回来后，龚全珍的一块手表一戴就是几十年。年头长了，手表总是坏，坏了就修好后接着戴，就这样坏了修、修了戴，一直坚持到实在没法再修了，她只好让孙子媳妇帮忙在网上买一块便宜的，还特意交代不要买贵的，几十块钱的就行。

一块坚守岗位的手表有一个退休不退岗的主人。退休后的龚全珍成为一名校外辅导员。有一次她发现有些孩子挑吃挑穿，她就把甘祖昌将军在长征路上每天只吃8粒蚕豆的事编成了一个故事，通过故事让孩子们懂得勤俭节约的道理。

名气越来越大，龚全珍出去讲课的机会也随之越来越多。一位老同事回忆说，去讲课时，她拒绝车接车送，且从来不接受学校安排的招待，都是自带馒头，就着白开水作午餐。

好的传统就要有好的传承。龚全珍家人身上都印刻着勤俭节约的烙印。

甘公荣是龚全珍的三女儿，作为名门之后，甘公荣秉持着“老老实实做人，勤勤恳恳做事，勤俭节约、艰苦奋斗”的家训，退休后全身心投入公益事业，先后荣获“全国三八红旗手标兵”“全国劳动模范”等荣誉称号。

甘公荣的节俭也是出了名的。龚全珍志愿者协会会长李丽辉说，甘公荣平常穿着打扮非常简朴，衣服洗得发白了依然穿在身上，平常买菜，也都是买一些不新鲜但便宜点的。甘公荣认为，只要洗干净，做熟了一样吃。

有一次，李丽辉和甘公荣去走访慰问一位困难群众，她发现甘公荣背着一个包，估计已经10多年了，好多地方皮都掉了。甘公荣却说，这没关系，只要里边的东西掉不出来就可以继续用。

龚全珍对自己近乎苛责吝啬，不乱花一分钱，却尽己所能帮助他人，十分慷慨大方。

2003年，龚全珍应邀到皂村中学开展爱国主义传统教育讲座，发现该校图书室书籍匮乏，立即购买了1000多册书籍送到该校。随后，她又捐出了2400元资助县关工委购买《激励永远》教育光盘捐赠给学校。多年来，龚全珍与不少贫困学生结成了“1+1”帮扶对子，捐助的学生达百人之多。新冠肺炎疫情发生后，老人家又积极主动捐款。

“甘姐一个月工资也就三千多块钱，但每次走访看到谁家经济特别困难，总是以母亲龚全珍或个人名义或五百或一千地捐款。”李丽辉在日记中写道，自己深深被龚全珍全家这种朴素无华的精神所感动。

“我们在恶劣的生存环境中走过来，虽然现在生活条件好了，但不要忘记过去，好的传统和精神一定要传承。”龚全珍觉得自己有一份责任，就是要把甘祖昌将军等老一辈艰苦奋斗、勤俭节约的精神一代代传承下去。

（资料来源：中央纪委国家监委网站，2020年8月29日）

（二）勤俭节约在消费观教育中的继承和与时俱进

经过改革开放几十年的发展，中国已经成为世界第二大经济体。当前，中国人民在实现中华民族伟大复兴的中国梦的奋斗过程中，要继承和发扬勤俭节约的美德，但也要与时俱进，在消费观教育中注入新的时代元素。

1. 节约是道德价值、经济价值和生态价值的统一

传统的价值观认为，节约具有道德价值。一个有道德的人，必须践行节约的美德。一个社会以节约为荣，才能建立良好的道德风尚。同时，节约具有经济价值。节约可以推动

资本的增加，减少生产的成本，提高竞争力，节约劳动时间等于发展生产力。而随着科学技术的迅速发展和生产力的提高，人和自然关系的矛盾、社会发展和资源有限性的矛盾日益突出。我们只有一个地球，对节约的理解不能停留在道德价值、经济价值上，而且要强调生态价值，并且将三者统一起来，才能实现可持续的发展。

2. 节约是减量与增效的统一

从词源上说，节约是节省、俭约的意思。实现节约有两种途径：第一种是通过直接减少资源消耗的绝对量来达到节约的目的，如节约粮食、节约纸张、节约用电、节约时间等，这种节约是最直接的、显而易见的；第二种是通过提高资源利用效率来达到节约的目的，在同样的资源消耗下产生更大的效果，这种节约间接地、相对地减少了资源的消耗。第一种途径是传统的，在现实生活中被广泛采用，第二种途径是一种有新意的理念，它认为节约不仅仅在于减少资源消耗，也在于提高资源利用效率。近几十年来兴起的循环经济所倡导的节约就是基于这一理念的。循环经济是以“减量、再用、循环”为原则，以资源的高效利用和循环利用为基本特征的社会生产和再生产活动。它将传统的“资源—产品—废弃物排放”的线性经济发展成为“资源—产品—再生资源”的环状反馈式循环经济，不是抑制消费，而是强调资源的充分合理利用，缓解了经济发展和生态环境的紧张关系。循环经济是资源节约的新途径，尽管过去的经济活动中也有利用再生资源进行生产的情况，但以产业的模式大规模地实施，却有重要的创新意义。

3. 节约是经济评价与伦理评价的统一

从经济评价的角度分析，节约对于经济发展具有两面性。一方面，节约有利于资本的增加，从而有利于经济的发展，但另一方面，过度节俭会压制消费需求，不利于经济的发展。当前外部环境严峻变化，中国要发展经济，实现中华民族伟大复兴的中国梦，必须调整和转变“两头在外、大进大出”的经济方针，把满足国内需求作为发展的出发点和落脚点，加快构建完整的内需体系，逐步形成以国内大循环为主体、国内国际双循环相互促进的新发展格局。这就要求我们在国内要激发消费需求，拉动经济。在对节约进行评价时，要考虑经济和伦理两方面，实现经济评价和伦理评价的统一。为了贯彻双循环经济发展的方针，必须鼓励消费，通过消费需求拉动经济，同时又要引导消费，掌握一定的“度”。奢侈浪费和不合理消费都是超过了一定限度的消费，必须坚决反对。

活动 1

情景剧表演：做个诚信的劳动者

活动描述

光荣属于劳动者，幸福属于劳动者。人世间的美好梦想，只有通过诚信劳动才能实现；发展中的各种难题，只有通过诚信劳动才能破解；生命里的一切辉煌，只有通过诚信劳动才能铸就。

以“做个诚信的劳动者”为主题，开展情景剧表演，感受诚信劳动的魅力与可贵。

活动目标

1. 形成诚实守信的品质。

2. 培育诚信劳动的良好品德。

活动流程

活动准备

全班分为若干小组，每组 4~6 人，各组准备一个以“诚信劳动”为主题的情景剧作品。各组自行准备所需道具、服装，如需演示文稿（PPT）、音乐等请自行准备，每个作品表演时间应控制在 15 分钟以内。

鼓励剧本为原创作品，剧本要求内容积极向上，紧紧围绕诚信劳动的主题，突出劳动者的心理活动特点，给人以启迪。作品应反映出主人公的心理变化过程，内容力求新颖、有创意。

各组可以利用课余时间或周六、周日安排排练，任课教师在排练过程中可给予适当指导。

情景剧表演

各组派代表进行抽签，决定各组的表演顺序。各组依次上台表演，表演过程中有专门的计时人员负责计时。

各组表演过程中由评委进行打分（去掉一个最高分，去掉一个最低分，其余分数加和求平均分为最终得分），第二组表演结束后公布前一组的表演分数，然后下一个小组开始表演，依次进行。比赛结束后，按分数评出前三名。

总结分享

各组总结经验和不足，派出一名代表进行分享，表演前三名的小组对小组经验进行分享，指导教师最后对各小组此次的情景剧表演进行点评总结。

活动评价

活动内容	标准	分值	活动评价		
			自评	互评	师评
活动准备	剧本原创，剧本内容贴合主题，分工合理	40			
情景剧表演	表演具有感染力，人物形象鲜明，表演形式新颖	60			
合计		100			

活动 2 主题倡议书：勤俭节约靠大家

活动描述

“俭，德之共也；侈，恶之大也。”艰苦奋斗、勤俭节约，不仅是我们一路走来、发展壮大的重要保证，也是我们继往开来、再创辉煌的重要保证。要深刻认识到制止餐饮浪费不仅关乎社会风尚和传统美德，而且关乎粮食安全。让勤俭节约成为常态，不仅要重视物质上的克勤克俭，更要使之成为一种高尚品格，一种可贵的精神。

以“勤俭节约”为主题撰写倡议书，呼吁广大校园师生将勤俭节约作为生活常态。

活动目标

1. 养成勤俭节约的良好习惯，杜绝浪费。
2. 学会珍惜劳动成果。

活动流程

前期准备

在校园内进行观察，找出当前校园内存在的浪费现象，整理思路。学习倡议书格式，列出倡议书草稿。

【倡议书示例】

勤俭节约倡议书

“历览前贤国与家，成由勤俭破由奢。”勤俭节约是中华民族的传统美德。建设节约型社会，是每一个人应尽的责任和义务。然而在我们身边，浪费水、电、粮食、纸张等现象时有发生。建设节约型社会，离不开节约型校园建设。现向全校广大师生员工发出如下倡议：

（1）节约用水。做到人走水停，杜绝长流水；合理使用水资源，循环使用自来水，实现水资源的二次利用；看到跑、冒、滴、漏现象，要随手拧紧水龙头；水龙头如有损坏，及时向学校管理部门联系报修，减少水资源流失；避免大开水龙头，提倡适度用水。

（2）节约用电。做到随手关灯，人走灯灭，杜绝长明灯；充分利用自然光照明，在光线充足的情况下不开室内照明灯，门厅、走廊、通道、卫生间等地方尽量减少能耗；电脑主机、显示器、饮水机等办公及生活用电设备在长时间离开或下班后要关闭电源，降低电耗和防止火灾隐患；正确使用空调，合理设置温度调控，杜绝无人房间或下班以后空调仍在运转的现象。

（3）节约用纸。充分利用校园网络，提倡双面用纸，大力开展电子办公、减少纸张消耗；充分利用各类设备和办公资源，尽可能实现无纸化办公，尽量减少办公用品消耗，对使用过的复印纸和信封等，能重新利用的应重新利用。

（4）节约用餐。珍惜劳动果实，积极倡导餐桌文明之风，食堂买饭买菜要适量，做到节约食物，不超量点餐，提倡剩餐打包，提倡绿色消费，坚决反对和纠正各种形式的浪费现象；杜绝攀比浪费，树立“浪费可耻、节约光荣”的理念，努力做到按需选餐，不剩菜，不剩饭，做“光盘一族”，珍惜粮食，拒绝浪费。

（5）生活节俭。培养良好生活习惯，提倡合理消费，适度消费，文明理性消费，不超前消费，不攀比吃穿；减少一次性物品，如纸杯、纸碗、一次性筷子、塑料袋等的使用，避免资源浪费和环境污染；节约电话费用，长话短说，不用办公电话闲聊、办私事。

（6）积极广泛宣传节约。节约是一门课程，需要我们每个人去学习；节约是一种美德，值得我们每个人去传承。要发扬艰苦奋斗、勤俭办学的精神，增强主人翁责任感，养成勤俭节约的好习惯，在全校范围内形成“节约光荣，浪费可耻”的浓厚氛围。

（7）党员干部以身作则。党员师生和学生干部要带头节约、以身作则，为建设节约型校园献计献策，争做节约先锋。广大团员青年要互相监督，做到厉行节约、人人有责，坚持勤俭办事业，坚决反对讲排场、比阔气，坚决抵制享乐主义和奢靡之风，努力使厉行节约之风在校园内蔚然成风。

老师们，青年朋友们，节约是美德，节约是品质，节约是责任，节约更是义务。“居家不得不俭，创业不得不勤。”学校是你我共同的家，让我们同心协力，做勤俭节约风尚的传播者、实践者、示范者，从现在做起、从自己做起、从点滴做起，以勤养志，以俭修德，养成勤俭节约的良好习惯，为建设节约型校园和美丽中国做出积极的贡献！

倡议人：×××

××年××月××日

撰写倡议书

撰写倡议书，要求字数在 1000 字以内，符合主题，观点鲜明，语言精练。

勤俭节约倡议书

倡议宣传

利用校园宣传栏或校园官方微信公众号等传播倡议书，让更多人看到倡议书吧！

活动评价

活动内容	标准	分值	活动评价		
			自评	互评	师评
前期准备	观察细致，草稿内容切中要害	30			
撰写倡议书	格式规范，精炼感人	40			
倡议宣传	多平台发布，宣传效果好	30			
合计		100			

任务四

吃苦耐劳　守正创新

任务导言

吃苦耐劳体现了知难而进、脚踏实地、不事张扬、讲求实效的笃行精神和实干精神，内含了求是、实干、自励、勤俭的价值取向。守正创新，就是在不愿守旧落后的同时，注意不断探索突破，发扬解放思想、与时俱进、锐意进取以及“干在实处、走在前列、勇立潮头”的争先精神。而社会的发展进步正需要劳动者具备这两种精神，从而创造财富与价值，推动社会不断前进。

目标导航

知识目标

1. 理解吃苦耐劳的内涵与价值。

2. 理解守正创新的内涵与价值。

能力目标

1. 不断提高职业技能，培养创新性思维，养成爱思考的习惯。

2. 树立在劳动中进行创造的意识，运用科学方法开展创造性劳动。

素质目标

1. 体会劳动不分贵贱，热爱劳动，学会吃苦。

2. 培养勤俭、奋斗、创新、奉献的劳动精神。

劳动语录

正是劳动本身构成了你追求的幸福的主要因素，任何不是靠辛勤努力而获得的享受，很快就会变得枯燥无聊，索然无味。

——休谟（Hume）

案例导入

草根发明家牛德成：成武有个“电鲁班”

牛德成长期扎根基层供电所，盯着问题搞创新，解决了多项工作中的难题，累计有37项成果获得专利授权，并获得全国五一劳动奖章、首届全国十大创新工匠、齐鲁大工匠等荣誉称号，是声名远扬的“电鲁班”。

早在2004年，在山东省菏泽市成武县供电公司桃花寺供电所当所长的牛德成发现，在农网改造过程中需要拆旧线、架新线，施工人员拉着电线在庄稼地里走，费时又费力，还对农作物造成损失。牛德成思来想去，用拖拉机车斗底部的旧转盘改制了一台绞磨用来带动旧线，旧线拉动新线在空中走，旧线拆除了，新线也架上了，干活省时省力不说，还保护了农作物。在此基础上，他研发出了旧线回收盘和紧线卷扬机。

在农网改造过程中，除了架电线，还要运送、竖立电线杆，安装变压器。很多时候，农村道路、胡同空间狭窄，大型机械施展不开，运送电线杆需要十几个人肩抬手扛，劳动强度大、工作效率低。对此，牛德成想出了办法——他以农用三轮车做底盘，车头装上叉车架，车后装上液压快速接口挂接炮车，炮车可以拖着电线杆在大街小巷行驶，叉车可以用来安装变压器，这样一来，农用三轮车就变成了多功能施工车。

后来，牛德成的多功能施工车不断升级换代，他在上面安装了旧线回收盘、紧线卷扬机、小型发电机、液压拉线制作机，可以用来回收旧导线、架设新导线、安装台架式变压器、拖运水泥电线杆、快速制作拉线，功能多、造价低。据统计，在农村低压电网改造中，应用多功能施工车比应用前节省人力80%以上，提高效率70%以上。因为实用、好用，这种多功能施工车在周边供电所迅速推广开来。

为了激励职工创新，菏泽供电公司构建了成果推广、创新奖励机制，建立成果转化基地，形成了“成果－产品－产业－企业”的创新产业链，“创新光荣、创造有功”的浓厚氛围让越来越多的职工加入创新的热潮。

（资料来源：中工网百家号，2020年12月7日，有删改）

勤于劳动、善于创造的人是最有前途的人。请谈一谈你对“草根也能有大发明，人人皆可创新”的看法。

开卷有益

一、吃苦耐劳

"宝剑锋从磨砺出，梅花香自苦寒来"，人的成长亦如此。从古至今，吃苦耐劳是中华民族的传统美德和文化精华，愚公移山、大禹治水，都显现出吃苦耐劳、奋力拼搏的精神。它任何时候都是一个国家、一个民族、一个集体蓬勃向上的巨大精神动力。

我们讲吃苦不是让人们再回到过去吃糠咽菜的年代，也不是生活在好的环境中硬去过那种苦日子，而是在办事情时不该铺张浪费。我们提倡的勤俭、吃苦耐劳的着眼点是要靠勤勉来实现。即使经济有了巨大发展，人民生活得到了有效改善，但仍然要保持和发扬这种精神。要逐步养成良好的习惯，培育优秀的品质，在生活中养成勤俭、吃苦耐劳的作风，在学习上养成刻苦钻研、勇于进取的学风。

二、守正创新

创新是古代劳动人民解决困难、改善生活的伟大智慧。而在今天，创新已经成为引领发展的第一动力，更是我国建设现代化经济体系的战略支撑。通过数十年的努力，我国已经成为制造业大国。但较之世界制造业强国，我们在核心技术、关键零部件及产品质量等方面仍有一定差距。要使中国真正成为制造业强国，创造性劳动就应成为重中之重。

创造性劳动是建立在开放性思维和挑战性实践的基础上的。创造性劳动不能仅仅靠激情、靠运气、靠苦干，而是要以扎实的学识和娴熟的技能为支撑。

（一）创造是人类劳动的本质特征

人的劳动是有意识、有创造性的活动，是创造性劳动与机械性（重复）劳动的统一。在人类社会发展过程中涌现出许多创造性劳动，不同时期的创造性劳动有着不同的特点。早期的一般创造性劳动仅仅表现为劳动工具和生产方法的一般进步；工业化时代形成重大创新的创造性劳动则产生了重大的技术变革，为工业化的发展提供了动力源泉。当代飞速发展的创造性劳动，促进了科学理论的新突破，推动了一系列新原理、新学说的诞生和网络技术、信息技术及生物工程技术等一系列新技术的飞跃发展。

1. 创造性劳动的内涵与特征

一般认为创造性劳动的内涵可以阐述为，在创造性思维的支配下，具有科学知识和科学技术的劳动者，通过创造发明来改变人类与自然的物质交换过程，打破生产要素组合的均衡态，形成新的劳动要素组合和新的劳动程序，使人类劳动在前所未有的程序上进行，从而加速人类物质财富和精神财富创造的生产活动。

创造性劳动的特征有：①新颖性——创造性劳动的产品（包括知识与技术）过去从来没有被公开使用过或者以其他方式为公众所知；②价值性——创造性劳动在创造价值上表现为“乘数效应”，与一般性劳动相比，对产品价值的贡献要大得多；③风险性——创新意味着挑战和风险，创新与风险相伴而生，一切创新都是在战胜风险中实现的。

2. 创造性劳动的价值

（1）创造性劳动是人类进化的决定因素

人的劳动是有意识的、具有创造性的活动；动物的行为则是无意识的、条件反射的活动。这一根本区别，就决定了人有不断发展的前景，而动物则只有变化的可能。在漫长的历史时期，人类在重复性劳动上所取得的创造性进步微乎其微，重复性劳动使制造工具的技艺代代相传，没有多大改变。近代以来，人类劳动向高级形态发展，最主要的标志是创造性劳动的数量和水平的增长。正是创造性劳动，构成了社会生产力进步的核心内容，并驱使经济和社会关系不断演变。

（2）创造性劳动是经济社会发展的主要动力

近代以来，创造性劳动的质和量出现大的增长，引发科技革命，导致社会分工迅速发展，又引起了社会经济生活的一系列变化，资本积累开始从货币资本积累向知识资本积累转变，科学技术的贡献率越来越大。在现代社会，有价值的创新发明，往往比货币资本更重要、更难得。我国提出建设创新型国家的战略，大力发展创造性劳动，推进科学技术发展和自主技术创新，就是要使我国经济竞争力的内涵，从以低成本、低收入的重复性劳动为主，尽快过渡到以高收益的创造性劳动为主，避免重蹈一些发展中国家在高速增长后出现停滞和衰退的覆辙。

（3）创造性劳动是个体发展的本质追求

从客观层面来看，劳动始终是人类生存的手段；但从主观层面上看，人们还把它当作自己生活不可缺少的一种活动。人类社会发展必然走向以机器取代全部或大部分重复性劳动的阶段，使人类从繁重的、烦琐的体力劳动中解放出来，到那个时候劳动不再是简单的谋生手段，而通过创造性的劳动寻求幸福与自由成为第一需要。

拓展阅读

孙红梅：大国工匠

20 多年前的一个夏夜，由陕西省西安市开来的火车停靠在湖北省襄阳站。出站的人流中，有一位身材高挑的姑娘。她面容清秀、短发利落，眼镜下一双眼睛纯净明亮，写满了对新生活的向往。姑娘叫孙红梅，刚刚从西安理工大学毕业。她要去报到的地方，是鄂西北大山深处的中国人民解放军第五七一三工厂，这里有我国最早建设的军用飞机发动机修理线。

“干我们这行，容不得半点差错。航空发动机出了毛病，就可能机毁人亡。”孙红梅声音不大，但字字坚毅，“干，就干到极致。”

2013 年，一批某型军用飞机发动机机匣损坏，国内没有成功修复先例。眼瞅着 30 架飞机就要“趴窝”，孙红梅主动请缨。打开机匣一检查，内部构造就像俄罗斯套娃，一层又一层，故障点多发生在腔内视线盲区。如何从外部准确找到故障位置，如何精准定位“解剖”，如何焊接漏点，又如何保证焊接变形不超过技术要求？

难题个个刁钻，环环相扣。“原本必须开膛。但受零件结构限制，只能微创。”孙红梅解释，“口子不能开大，开大了，变形就会大，很可能零件报废；开小了，焊枪又伸不进去。两头为难啊！”那段时间，孙红梅走路睡觉，满脑子都是机匣构造，体重不知不觉掉了 10 斤。

一天早上，几乎一夜无眠的她简单梳洗。看着镜子，她突然灵光一现——做一把长柄小镜子找故障，再做一把小焊枪，把钨极弯一下，不就可以焊到腔内故障吗？

突破口终于打开！

孙红梅设计出一个精巧的“手术方案”：先在机匣外壳上切割出一个小“窗口”，利用镜面反射查找故障点，用自制的焊接定位夹具定位，再采用仰焊将漏气部位修复，最后将“窗口”补片焊牢。最终的操作平面只有 180 平方毫米，相当于半个手掌；整个过程中，她严格控制参数，修复后的变形量仅有 0.003 毫米——一根头发丝的 1/25！这仅仅是孙红梅修理保障的 600 余台军用航空发动机之一。

“她从不做90分，争的都是100分、更高分。”这是同事们对孙红梅的评价。参加工作以来，她先后破解近百项修理难题，形成12项核心修理技术，创造经济效益近2亿元。自己也从一名普通技术员，成长为工厂一级技术专家、空军装备修理系统焊接专业首席专家。

悠悠岁月，如水流逝。20多年来，这个执拗的姑娘心无旁骛干着一件事——紧握焊枪，为战鹰修“心脏”。

2020年，她被授予全国劳动模范称号，出席了在人民大会堂举行的表彰大会。

“哪想到，老末老末，竟给叫成了劳模！”70多岁的母亲“埋怨”中带着自豪。孙红梅的爱人是她的高中同学。成家后，父母也从老家来到厂里，帮她照顾孩子、料理家事。每次下班，父母把饭菜做好后，就望着窗外的人群。总是人都走完了，还不见她回来。父母就嗔怪着叫她“老末”。

“我就是个搞技术的，管理不是长处。耐得住寂寞，才守得住初心。”孙红梅说，她最喜欢的，是一个人坐在办公室或厂房里，没有外界干扰，慢慢地思考、研究、验证。有时候弄到深夜，她就一路奔跑着回家，渐渐地，竟然练出长跑的本领。

“任他桃李争欢赏，不为繁华易素心”，这是咏梅的诗句，也是孙红梅的微信签名。

每到早春，厂区办公楼旁，总有几株红梅昂首怒放。爱美的孙红梅，也会停下匆匆的脚步，让那芬芳浸润心田……

（资料来源：《光明日报》，2021年9月26日01版，有删改）

（二）创造性劳动无处不在

创造力是人人皆有的一种潜在的自然属性，人人都具有待开发的创造潜力。我国教育家陶行知先生在《创造宣言》中曾说过：“处处是创造之地，天天是创造之时，人人是创造之人。”创造无处不在，每个人都有创造力。创造在劳动中也是无处不在的，日常生活中的劳动有创造，生产服务中的劳动更有创造，创造是推动生产劳动进步的重要动力。

1. 日常生活中的创造性劳动

生活是创造之源。每个人在日常生活劳动中都会或多或少地、自觉不自觉地进行某种创造活动。日常生活中的创造性劳动最常见的表现是生活“小窍门”或者“小妙招”，它们能高效解决日常生活中遇到的不便或烦恼之处，让日常生活更方便、便捷、科学。这样的“小妙招”通常涵盖衣、食、住、行等日常生活的方方面面。

2. 生产服务中的创造性劳动

生产服务劳动中蕴含着丰富的创造性劳动，正是劳动者在日常生产服务劳动中的点滴创造，汇聚成促进产业发展和技术进步的重要推动力。生产服务劳动中的创造通常是指采用新方法、新材料、新技术生产产品或提供服务，以达到保证质量、降低成本、保护环境、提高生产效率的目的。

拓展阅读

全国劳模任金素：守正创新传承民族工艺

1988 年 9 月参加工作以来，任金素先后获得“贵州省劳动模范”“贵州省优秀共产党员”“贵州省脱贫攻坚群英谱”“遵义市非物质文化遗产（茅台酒酿制技艺制曲）传承人”等荣誉称号，2016 年被贵州茅台酒股份有限公司聘为首席酿造师，2017 年当选为中国共产党贵州省第十二次代表大会代表。

2012 年任金素带头成立了“阳光技能创新工作小组”，因成效显著被贵州省总工会授牌成立“任金素劳模技能创新工作室”。面对自己创新举措被社会各界认可，她始终认为工作小组不仅是创新的平台，更是一个提升全员素质的舞台。

5 年来，她先后为制酒车间、生产管理部、质检部以及整个制曲系统输送优秀品酒师、酿造师、酒曲师、班长等几十人。

她以劳模创新工作室为有效平台，充分发挥劳模传、帮、带作用，围绕生产工艺技术难题有针对性地开展技术攻关、理论培训、岗位练兵、技艺传承等活动。劳模创新工作室拓展了弘扬劳模精神的新途径，展示了劳模的时代风采，增强了劳模的感召力，让员工群众学有榜样、赶有目标。

作为工作室带头人，她多年来一直从事制曲工作。“曲是酒之魂，有好曲才能酿好酒！”对于酒曲的重要性，任金素脱口而出，酒曲的好坏决定着茅台酒口感的好坏，但守正创新同样重要。

任金素把创新工作与安全生产、解决事故隐患、工器具改进、工艺流程改善、技术攻关等焦点难点问题结合起来，积极开展班组QC（quality control）活动，成立QC兴趣小组40余个，针对生产过程中的难题，分别立项，发表QC课题20多篇，其中“降低曲盒损坏率”课题还获得贵州省优秀成果奖。

为增强创新工作室的创新能力，她根据制曲生产实际开展技术攻关和技术创新活动，创新成果主要围绕降低大曲异常糖化力开展大曲筛分实验、曲虫防治实验、曲坯高度实验等。

2019年，任金素带领员工开展“探索冬季制曲，一次翻曲发酵仓门边曲坯发酵异常的现象”“探索曲胚最适高度，提高曲胚整体发酵温度”“探素夏季制曲，曲坯发酵容易成灰黑色，中间无黄粑心、温度达不到60℃”等课题攻关项目。

一系列创新举措使工作室涌现出贵州省五一劳动奖章祝敏、茅台集团三级酿造师陈敏、茅台集团金牌员工沈琦现等一批佼佼者。任金素带领团队成员力争将劳模工作室打造成为新时代劳模工作品牌和服务公司安全发展、科学发展的新载体。

“道虽通不行不至，事虽小不为不成”，任金素以不甘平庸的钻劲，心系茅台的情怀和默默奉献的精神，在平凡的岗位上实现了自己的人生价值，践行着自己制好优质大曲的诺言，赢得了领导、同事和广大员工的赞誉。

（资料来源：中工网百家号，2020年12月4日，有删改）

（三）创造性思维是创造性劳动的触发器

创造性思维是重新组织已有的经验，提出新的方案或程序，并创造出新的思维成果的思维方式，是开展创造性劳动的重要前提。创造性思维，是一种应用独特的、新颖的方式解决问题的思维活动，是人类思维的高级表现形式。我们可以把它理解为一个相对独立的认识阶段，也可理解为融于整个意识过程之中的思维形式。

1. 创造性思维的特征

从心理学的视角看，创造性思维是大脑皮层不断地恢复联系和形成联系的过程，它是以感知、记忆、思考、联想、理解等能力为基础，以综合性、探索性和求新性为特点的心智活动。

从创造性思维的定义中可以发现，创造性思维具有独创性、新颖性、综合性等特点。独创性是指在认识某一新事物、解决某一新问题时，前人、他人没有为我们提供现成的规律和方法，需要自己根据一般科学规律独立地发现新的具体规律，创造新的思路、办法、概念、形象、观点、理论。新颖性是指思维的求异性，是与思维的求同性相对的。综合性主要包括两个方面：一方面指创造性思维是多种思维形态、多种思维方式、多种思维方法的综合利用，另一方面指创造性思维所特有的辩证综合能力。

2. 创造性思维的表现形式和方法

创造性思维表现为思维形式突破常规，多角度、多侧面、多方向地看待和处理问题的过程。多向思维、侧向思维、逆向思维、联想思维、形象思维、纵向思维和求异思维等都属于创造性思维。

想象是创造性思维的内核，是对头脑中已有表象进行加工、排列、组合从而建立起新表象的心理过程，具有形象组合性、时空跨越性和高度自由性的特点。想象包括有意想象（即有预定目的的、自觉的想象）和无意想象（即没有预定目的的、不自觉的想象）。由此形成了创造性思维的两大想象法：联想法和灵感法。

（1）联想法

联想思维是创造性思维中最具活力的重要组成部分。联想是由一事物想到另一事物的心理过程，由于事物之间存在着不同的联系，因此联想也有不同的方式和分类。一般将联想分为因果联想、仿形联想、相似联想、相关联想、相反联想、对称联想、仿生联想等。

（2）灵感法

灵感思维，是指人在长时间思考某个问题而得不到解答，由于某种偶然的原因，突然间得到崭新的、正确的思维成果的思维过程。它是人类的一种基本思维形式，处于认识的感性阶段，是一种非理性思维。灵感思维的作用就是促使人们创造性地解决疑难问题，完成创造、创新、创作等最为艰巨的任务。灵感思维主要具有突发性、瞬息性和情感性三方面的特征。

（四）创造性劳动的过程

英国心理学家沃拉斯（Wallas）提出“创新四阶段”理论，将创新分为4个阶段：准备期、酝酿期、明朗期和验证期。借鉴其思路，我们也可以将创造性劳动划分为4个阶段：问题提出阶段、思考探索阶段、形成方案阶段、实践验证阶段。

1. 问题提出阶段

创造性劳动是从发现问题、提出问题开始的。爱因斯坦（Einstein）认为，提出问题通常比解决问题更重要，因为提出问题需要有创新性的想象力。有价值的问题的提出需要基于知识和经验的积累以及对问题价值的判断。

2. 思考探索阶段

在这个阶段，需要围绕问题开展创造性思考和反复尝试，需要多方思维反复碰撞，不断进行组合、交叉、选择、实验，以形成新的创意。

3. 形成方案阶段

在这个阶段，需要将解决问题的创意思路和想法记录下来，并根据尝试情况进行筛选，形成问题解决方案。这一阶段，灵感思维通常会发挥决定性作用。

4. 实践验证阶段

这一阶段需要对初步的解决方案进行实践、论证和完善，一方面进行理论验证，另一方面进行实践检验，进而保证创造性劳动成果的质量。

拓展阅读

包起帆：扬起创新的征帆

在位于上海第二工业大学校区内的包起帆创新之路陈列馆，参观者络绎不绝，有高校的师生，有工厂的员工……他们来到这里，都为寻找一个答案：创新的持续动力来自什么？

包起帆，从码头工人，到技术骨干、企业带头人、物流专家、国际标准的领衔制定者……在众人眼中，包起帆的人生充满惊叹号，而包起帆自己认为，他只是从未在平凡的岗位上画上创新的句号。

1987年4月9日，包起帆凭借“15吨滑块式单索多瓣抓斗”项目获第15

届日内瓦国际发明与新技术展览会金奖。2015年，同一个授奖台上，他再次获得3枚国际金奖。时隔28年，港口生产实现了由人力化向机械化，由机械化到数字化，再到自动化、智能化的数次跨越，他的持续创新和卓越贡献，令主办方都惊诧不已！

而他的发明远远不止于抓斗。他参与开辟我国港口首条内贸标准集装箱航线，参与建设我国首座集装箱自动化无人堆场，积极推进国际首套全自动散矿装卸设备系统的研发，领衔制定了集装箱-RFID货运标签系统国际标准。

上海港是中国航运经济扬帆起航的见证者，而包起帆就是港口生产自动化创新的践行者。40多年来，包起帆连续五届荣获全国劳动模范称号，并荣获全国优秀共产党员、第一届全国敬业奉献道德模范称号。他带领团队技术创新，获国家发明奖3项、国家科学技术进步奖3项，获巴黎、日内瓦等国际发明展金奖36项。如今，他带领团队仍奋战在创新一线。

创新就在脚下，但创新之路并不平坦，唯有孜孜以求、不断探索。

包起帆的老同事王伟平讲述了一个“三上圆珠笔厂”的故事。包起帆无意中发现圆珠笔的启闭结构正是抓斗所需要的，但如何将这个原理应用到抓斗中呢？包起帆找到圆珠笔厂希望能够看看图纸，但不是吃闭门羹就是被推脱，最终他三上圆珠笔厂，见到了图纸，解开了谜团，抓斗新的启闭结构得到实现。

“如果浅尝辄止，知难而退，就没有创新的成功。其实，所有的技术革新都有一个破题、解题的艰难过程。”王伟平说，“关键是面对困难时，你是选择迎难而上，还是退避三舍，包起帆总是选择前者。”

哪里不安全，哪里效率低，哪里成本高，哪里质量要提升，包起帆就在哪里动脑筋。从业40多年中，围绕码头自动化、信息化、智能化和节能减排的需求，他的创新版图不断扩大。

2006年5月，在巴黎国际发明博览会上，包起帆发明的诸多应用获得4枚金奖，成为105年来在该展会上一次获得金奖最多的人。

包起帆提出的公共码头与大型钢铁企业间无缝隙物流配送新模式，成为资源节约型、环境友好型码头建设的优秀典范，为此，2009年他获得世界工程组织联合会“阿西布·萨巴格优秀工程建设奖”。

进入21世纪，我国成为世界集装箱港口吞吐量第一大国，但在这一领域国际标准的制定中却鲜有中国的声音，更难有拥有自主知识产权的中国发明进入国际标准。

经过数年攻坚，包起帆团队制定的中国集装箱电子标签相关国际标准终于在日内瓦ISO中央秘书处正式发布。这成为我国自1978年开始参与ISO活动以来，在物流、物联网领域首个由中国发起、起草和主导的国际标准。

抓创新就是抓发展，谋创新就是谋未来。包起帆在岗位上播下创新的种子，更让团队的创新之树根深叶茂。分享成果、共同成长，是包起帆十分注重的团队发展理念。他认为，扎实的团队是创新的基础，对团队的技能培训是关键。

苟日新，日日新，又日新。包起帆践行生命不止，创新不竭。他在工作中坚持创新，就是因为发展的道路上会不断遇到新的问题，需要破除瓶颈，释放活力。包起帆说："我们艰苦创业需要付出汗水更需要奉献智慧，要以创造性劳动为国家做出更大的贡献，我们要在创新路上继续前行。"

（资料来源：新华网，2021年6月9日）

活动 1 参观展馆：筑牢精神堡垒

活动描述

苦是对环境、形势、局面的一种描述，也是对人意志品质的一种检验。在吃苦中可以涵养正确的价值观和人生观，在吃苦中可以磨炼坚强的决心、信心和恒心，在吃苦中可以锤炼能力、增强毅力。回望百年党史，不怕苦、能吃苦、能战胜苦，是中国共产党人的优秀品质。如今，尽管经济社会发展取得了巨大进步，各方面条件都有所改善，但艰苦奋斗的精神、吃苦耐劳的品质、苦干实干的作风，依然需要继续保持和发扬。

参观本地党史展馆，使学生筑牢吃苦耐劳的精神堡垒。

活动目标

1. 领会“幸福是奋斗出来的”的内涵与意义。
2. 培育吃苦耐劳的品质。

活动流程

活动准备

提前预约本地的党史展馆参观，并预约讲解员，安排好参观时间。

提前查阅党史资料，带着问题进行参观，还可以提前准备好问题，在参观时与讲解员进行互动交流。

展馆参观

参观展馆的注意事项：

①按时到指定位置集合，跟随班级行动，未经允许不得擅自脱离队伍，注意交通安全，有特殊情况提前和负责人说明情况。

②参观过程中禁止大声喧哗，不能随意触摸展馆展品，拍照不要开启闪光灯。

③认真听工作人员解说，及时记录关键信息。

撰写观后感

通过参观党史展馆以及查阅资料，撰写观后感，主要从如何学习老一辈吃苦耐劳的优秀品质进行展开。观后感撰写好后，在班级进行交流分享。

活动评价

活动内容	标准	分值	活动评价		
			自评	互评	师评
活动准备	相关知识准备充分	20			
展馆参观	有序参观，及时记录	40			
撰写观后感	观后感围绕主题，积极分享	40			
合计		100			

活动 2

“头脑风暴”：开发创新思维

活动描述

“守正创新”深刻把握继承传统与创新创造的辩证统一。“守正创新”始终面对和回应过去、现在与未来关系的时代拷问。“守正”即守正道（规律）、守正理（科学）、守正规（制度）、守正义（伦理），“创新”即创理论之新、创实践之新、创制度之新、创文化之新。

进行“头脑风暴”，开发创新思维，体会创新创造的快乐。

活动目标

1. 激发创新思维，提升创意物化的能力。

2. 培育守正创新的良好品质。

活动流程

活动准备

班级分为若干小组，每组 4 ~ 6 人，每组确定一个小组长。各个小组集中讨论，为“头脑风暴”活动确定一个中心议题（讨论话题）。选定的议题需要是某个具体的问题，这样更容易产出理想的讨论结果。

“头脑风暴”

各组针对中心议题进行“头脑风暴”，大家围绕话题一起发散思维，积极说出自己的想法。

在限定时间内，围绕议题列出所能想到的尽可能多的想法，由小组长进行记录。

对所有的想法进行评估和筛选，相同的想法只保留一个，并按照不同维度进行分类。

梳理所有想法，形成一张初步的思维导图，针对还未清晰的问题点进行下一轮“头脑风暴”，查漏补缺。

对已经相对完善的思维导图进行梳理，理清层级结构，形成一个完整的方案。

活动总结

各组的小组长对本组的方案进行汇报，大家互相交流讨论，分享活动心得。

活动评价

活动内容	标准	分值	活动评价		
			自评	互评	师评
“头脑风暴”	想法富有创意且可操作	90			
交流分享	积极分享，总结到位	10			
合计		100			

参考文献

[1] 地力木拉提·玉山江．浅谈职业技能鉴定的重要意义及措施 [J]．智富时代，2015（10）：164.

[2] 高天．劳动精神的三重维度 [J]．大庆社会科学，2022（3）：24-27.

[3] 龚群．工匠精神及其当代意义 [N]．光明日报，2021-01-18（15）.

[4] 何云峰，李晓霞．劳动精神的四个层次及其辩证关系 [J]．湖南科技大学学报（社会科学版），2022，25（1）：84-89.

[5] 何光明，张华敏．高职学生劳动教育教程 [M]．北京：高等教育出版社，2020.

[6] 何建华．人民创造历史伟业 [EB/OL]．（2019-09-30）[2022-04-24]．https://theory.gmw.cn/2019-09/30/content_33202868.htm.

[7] 黄少安．马克思劳动价值论的时代意义（学苑论衡）[N]．人民日报，2022-08-15（09）.

[8] 教育部职业技术教育中心．劳动教育读本：高职版 [M]．北京：高等教育出版社，2020.

[9] 刘经纬，崔捷明．新时代劳动价值观的生成逻辑、科学内涵及培育路径研究 [J]．山东工会论坛，2022，28（3）：58-68.

[10] 罗旭，刘华东，李睿宸．如切如磋，如琢如磨——工匠精神述评 [N]．光明日报，2021-09-30（05）.

[11] 李义天．劳动造就美德 [N]．光明日报，2019-06-03（15）.

[12] 李雄．以社会法价值理念指导劳动合同法修改 [N]．检察日报，2017-03-28（03）.

[13] 毛平，黄金敏，余小燕．高职院校劳动教育教程 [M]．北京：高等教育出版社，2021.

[14] 孟令军．我国劳模现象的五大基本特征 [J]．工会博览，2016（27）：25-26.

[15] 苗盼桃．时代呼唤工匠精神：访中国劳动关系学院教授乔东 [N/OL]．（2021-09-27）[2020-04-28]．https://www.81.cn/jfjbmap/content/2021-09/27/content_299878.htm.

[16] 潘洪珍，刘燊．新时代劳动价值观培育路径研究 [J]．菏泽学院学报，2021，43（6）：52-55，114.

[17] 潘维琴，王忠诚．劳动教育与实践 [M]．北京：机械工业出版社，2021.

[18] 邱可意．浅谈劳动法的意义作用 [J]．当代旅游（高尔夫旅行），2017（9）：250.
[19] 若地．“社会诚信体系建设研讨会”综述 [J]．社会科学研究，2004（1）：157–159.
[20] 孙宇．脑力劳动与体力劳动共同创造价值 [J]．经济研究导刊，2019（26）：1–2，11.
[21] 王昊魁，王琎，任欢．在平凡的岗位上创造不平凡的业绩 [N]．光明日报，2021–09–23（06）.
[22] 王早霞．劳动是一切幸福的源泉 [N]．山西日报，2020–11–27（04）.
[23] 王开淮．劳动教育 [M]．北京：清华大学出版社，2021.
[24] 韦衍行，杜佳妮．成由勤俭败由奢，让我们重温那些勤俭节约的故事 [EB/OL].（2020–08–11）[2022–04–28].http://culture.people.com.cn/n1/2020/0811/c1013-31818790.html.
[25] 徐倩．探究大学生自立自强精神培育途径 [J]．财富时代，2020（5）：228.
[26] 徐国庆．劳动教育 [M]．2 版．北京：高等教育出版社，2021.
[27] 徐耀强．工匠精神是一种职业精神 [J]．中华儿女，2018（8）：75.
[28] 徐耀强．论“工匠精神”[EB/OL].（2017–05–25）[2022–04–28].http://theory.people.com.cn/n1/2017/0525/c143843-29299459.html.
[29] 向德荣．劳模精神职工读本 [M]．北京：中国工人出版社，2016.
[30] 人民日报社论：光荣属于每一个劳动者——写在“五一”国际劳动节 [EB/OL].（2017–04–30）[2022–04–28]. http://www.xinhuanet.com/politics/2017-04/30/c_1120897491.htm.
[31] 晏杉，赵庆樱，吴建华，等．高职劳动教育实务 [M]．北京：高等教育出版社，2021.
[32] 余航，王安毅．将 8S 模式融入汽车实训室管理分析 [J]．山东工业技术，2018（11）：230.
[33] 张国玉．新职业的动力机制与发展趋势 [EB/OL].（2021–02–03）[2022–04–28].https://baijiahao.baidu.com/s?id=1690643951629716230&wfr=spider&for=pc.
[34] 张忠文．培养大学生的勤俭吃苦耐劳精神 [J]．渤海大学学报（哲学社会科学版），2000（4）：109，113.
[35] 周中之．勤俭节约：新时代消费观教育的守正创新 [J]．中国德育，2020（21）：24–28.
[36] 朱其永，刘冠军．劳动之本质特征的认识论新探 [J]．聊城大学学报（社会科学版），2006（3）：203–207.
[37] 卫晨曦．发扬工匠精神，汲取强大精神动力 [EB/OL].（2022–03–01）[2022–04–25].http://news.youth.cn/hotnews_41880/202203/t20220301_13490244.htm.

版权声明

根据《中华人民共和国著作权法》的有关规定，特发布如下声明：

1. 本出版物刊登的所有内容（包括但不限于文字、二维码、版式设计等），未经本出版物作者书面授权，任何单位和个人不得以任何形式或任何手段使用。

2. 本出版物在编写过程中引用了相关资料与网络资源，在此向原著作权人表示衷心的感谢！由于诸多因素没能一一联系到原作者，如涉及版权等问题，恳请相关权利人及时与我们联系，以便支付稿酬。（联系电话：010-60206144；邮箱：2033489814@qq.com）